분노도 웃던 날들

차가운 세상에서 뜨겁게 웃을 수 있었던

지은이 | 정창주
발행인 | 정영욱
기 획 | (주)BOOKRUM
디자인 | 정창주
발행처 | 부크럼 출판사

주 소 | 서울특별시 서초구 서초대로 78길 50, LS-729호
전 화 | 02-6959-9998
이메일 | ceo@bookrum.co.kr

Copyright ⓒ 2019 by 정창주
※이 책은 저작권법에 따라 보호받는 저작물이므로 무단전재와 무단복제를 금지합니다.
※이 책 내용의 전부 또는 일부를 이용하려면 반드시 저작권자와 (주)BOOKRUM의 서면 동의를 받아야합니다.

목차

프롤로그

1. 악동에게, 멋진 악당이 못 되어서 미안해
2. 이 세상의 주인공은 무조건 나일 거라 믿었었지
3. 그땐 나이란 게 변치않는 보석인 줄로만 알아서
4. 소중한 순간과 사람을 하찮게 여겼던 거야
5. 낯선 사람들을 제멋대로 판단하기도 했지
6. 그리고 못된 세상은 나다움을 잃게 만들려 해
7. 안타까워. 왜냐면 평범한 것보다 슬픈 건 없거든
8. 뜻대로 되는 일이 하나도 없으니 바보같이 남을 미워할 수밖에
9. 그래도, 평안과 행복을 애써 꾸미려 할 필요는 없어
10. 내 가슴이 말하는 대로 움직여야 행복한 거니까
11. 명심할 것. 좋은 어른이 되려면 현재를 사랑해야 해
12. 새로움과 자유를 사랑하는 열린 마음도 필요할 거야
13. 그럼 작은 일상에서도 위대한 행복을 찾을 수 있게 되지
14. 너도 나도 모두 다 병신인, 뒤죽박죽 요지경 세상이겠지만

일러두기

1. 저자 고유의 문장을 살리기 위해 표기와 맞춤법 등은 저자의 원칙을 따랐습니다.
2. 저자 본인을 제외한 이 책에 등장하는 기관, 인물들은 특정성 이슈와 관련하여 실명과 본명을 그대로 따르지 않고 가명으로 표기했음을 알립니다.

한 부인이 말했다.
"하지만 넌 어린아이잖니. 널 돌봐 주는 사람이 있어야해."
모모는 안심하며 말했다.

"제가 돌보죠."

- 미하일 엔데, 모모(MOMO) -

프롤로그

 나 지금 똑바로 살고 있는 거 맞아? 라고 자문하게 되는 새삼스러운 밤이 올 때가 있다.
 응, 이라고 선뜻 말할 수 없고 아니, 라고 말하기엔 뭔가 처연해지기에. 대답을 유보해둔 채 멍하니 침대 위에 누워 있다. 한숨이 절로 나온다. 오늘 밤은 잠 들기에 영 글러먹은 것 같다. 그렇게 꽤 많은 생각으로 잠 못 드는 사나운 밤이면, 불현듯 떠오르는 그리운 이야기가 있다. 과거 이야기. 그래, 그때 참 좋았었는데. 그땐 정말 아무런 근심 걱정도 없었는데. 뭐든지 다 잘 될 거라 생각했었는데.

 그래. 그땐, 정말 행복했었는데. 수십, 수백 번을 물어봐도 늘 내 마음속 1순위를 차지하는 내 인생의 '그때'. 그것은 나의 대학시절이다. 그 속에서 얼마나 많은 시도를 해봤는지, 얼마나 많은 일탈을 해봤는지, 얼마나 많은 사랑을 하고, 얼마나 많은 이별과 아픔, 그리고 행복을 느꼈는지 기억을 되새겨 본다.

사실 난 기억력이 매우 좋지 않다. 그래서 불과 얼마 안 된 이 과거의 이야기들이 머릿속에서 희뿌연 안개처럼 둥둥 떠다닌다. 하지만 천천히 되짚어 보려 한다. 가장 아름다운 글씨체로 쓰인 내 인생의 제법 두꺼운 페이지들을. 되짚어 보고 떠올리지 않으면 손안의 모래처럼 빠져나와 바람결에 사라져 버릴 내 작은 추억들을. 이 이야기는 현재와 과거를 오갈 것이다. 평범하디 평범한 31살 아저씨 정창주에 대한 이야기. 그리고 안하무인에 도덕과 예의라곤 밥 말아 먹은, 허나 그 누구보다 자유를 사랑했던 만년 성장통 스무 살 풋내기 대학생 정창주의 이야기가 교차될 것이다.

좀 재수 털리는 말일지도 모르겠는데, 이건 어쩌면 내 일기장이자 자서전, 그것도 아니라면 유언장이 될 수도 있다. 사람 앞일에 대해서 섣불리 판단하는 건 금물 중에 금물이오나, 난 향후 결혼을 할 계획이 없기 때문에 독신으로 살다가 뒈질 확률이 무척이나 높기 때문이다. 그럼 이게 자연스럽게 내 유언장 아닌 유언장이 될 수도 있겠지⋯⋯ 이걸 유언장이랍시고 읽는 사람은 참 기가 찰 것이다. 오질나게 긴 유언장이 될 것이기 때문이다. 그런 의미에서 앞으로 이 글을 읽게 될 당신에게 미리 한 마디 해주겠다.

거 참 쌤통이오!

현재

과거

안과 밖
건강과 질병
흑백과 컬러
청군과 백군
결집과 소산
땅과 하늘
남쪽과 북쪽
희망과 절망
명(明)과 암(暗)
——————————— 분노와 웃음
부자와 빈자
유행과 퇴행
동맹과 해체
조립과 분리
수다와 과묵
깊음과 얕음
과식과 거식
사랑과 증오
과거와 미래
신성(晨星)과 유성(流星)

2019　　　　　　　　　　　　　현재

1. 악동에게, 멋진 악당이 못 되어서 미안해

무려 근 4년 만에 새로운 회사에 입사했다. 아주 작은, 코 딱지만 한 종합 광고 대행 회사다. 사실 이 회사를 선택하기까지 두세 줄로 간단히 정리할 수 없을 정도로 수많은 역경과 고난, 자기성찰, 도전들이 있었다.

하지만 그것에 대해서 지금 당장 주저리주저리 읊는 것보다 천천히 시간을 들여 조금씩 풀어 나가도록 하겠다. 회사 생활을 하면서 특별히 걱정되는 부분은 없을 거라고 생각했고, 오늘 첫날을 보내고 나니 실제로도 그렇다는 생각이 들었다. 무난하다. 모난 사람도 없다. 사람과 사람 간에 피곤하게 부딪힐 일도 없을 것 같은 느낌이다. 속단하기엔 이르지만, 어쨌든 일단은 그렇다는 것이다. 정말 다행스럽게도 일이 그럭저럭할만할 것 같다. 도무지 맞지 않는 일에 하루 아홉 시간 남짓을 쓴다는 건 엄청난 불행일 것이다. 내 주머니 사정은 나도 잘 알다시피, 변변치 못한 수준이다. (상처로 얼룩져 딱정이 진 과거는 기회가 있을 때 천천히 설명하겠다) 앞으로는 어떻게 될지는 모르지만 일단은 그렇다는 것이다. 그렇게 된 바에야 시간만큼은, 적어도 시간만큼은, 가난하지 않아야 되는 거 아니겠느냐는 게 내 지론 아닌 지론이다.

대표님 말씀에 의하면 이 회사는 야근이랄 게 딱히 없다고 한다. 야호, 이제 난 시간 부자다! 쓰벌. 1초 만에 현타 온다. 됐다. 꼴값은 고만 여기까지만 하자. 뭐, 이제는 익숙해졌고, 또 그래야 하겠지만, 딱히 원하지 않았다. 이런 삶. 겨우 숨통이 트일만한 살림살이로 멍청한 미소나 헤벌쭉 지으며 소확행이라는 같잖은 멘탈 마스터베이션이나 치는 이따위 삶 원하지 않았다 이 말이다.

존나게 비싼 꺼먼 양복을 입고 최신 슈퍼카로 영동고속도로를 아우토반 뺨치게 질주하는 드럽게 나쁘고 멋있는 악당의 삶.

그게 내가 원했던 삶인데. 씨발.

그래. . . 돌아왔네. . . .

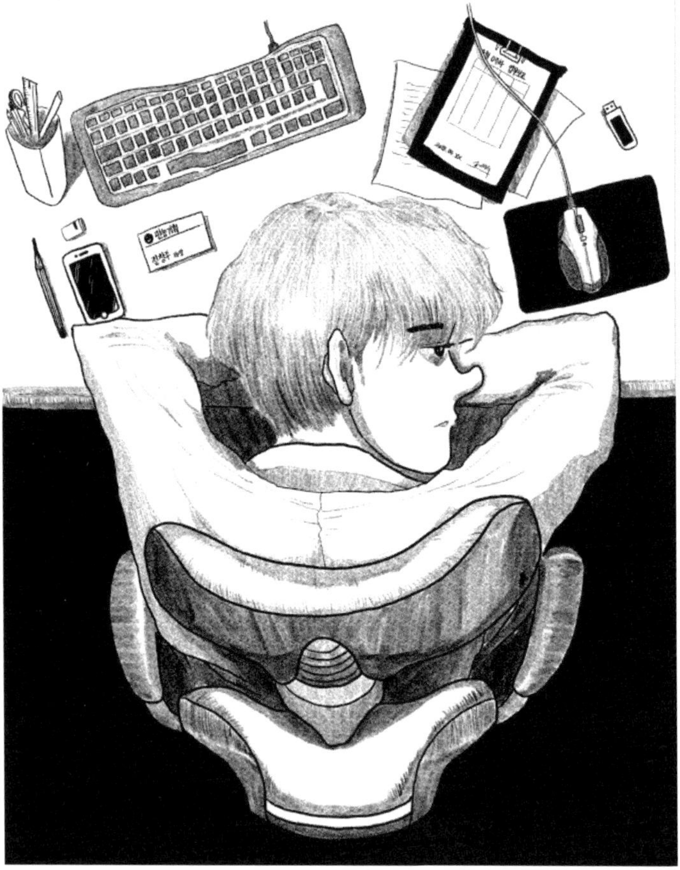

딱히 원하지 않았는데. 이런 삶.

BACK TO 2007

과거　　　　　　　　　　　　　　　　　2007

민증 나왔다.
잉크도 말랐다.
개 좆같은 수능도 끝이다.
그럼 이제, 빠꾸없이 달린다!

 앞으로 4년 혹은 그 이상을 지내게 될, S 대학 (당신들이 익히 알고 있는 그 S가 아니다. 안심해도 좋다) 러시아 어문학과 오리엔테이션 참가를 위해 캠퍼스로 향하며 생각한 다짐이었다. 그 무렵의 난 머리가 정말, 오질나게 길었다. 콤파스 바늘보다 더 뾰족하고 긴 구레나룻, 제비가 둥지라도 틀 만한 스프레이로 떡칠이 된 가르마, 그리고 내 단짝 친구였던 모택경이 항상 지적했던, 뭔가 지저분한 눈썹. 깡마른 몸. 그게 스무 살의 나였다. 하하. 뭔가 기분이 좋다. 쓰다 보니 그 시절의 내 모습이 서서히 기억난다.

그래. 난 그런 놈이었다. 스무 살의 정창주는 그랬다.

 그 무렵의 난 발치까지 치렁이는 코트류를 좋아했던 것 같다. 그리고 매우 화려한 스타일을 선호했다. 느닷없이 이런 것까지 기억나니 조금은 얼굴이 화끈거리지만 빼놓을 수가 없을 것 같다. 땡땡이 스카프. 매우 부드럽지만 싸구려 티가 팍팍 나는 재질의 땡땡이 스카프…… 젠장……. 난 그걸 집 강아지 개 목걸이 하는 마냥 좋다고 매고 다녔었다. 내 머리가 그렇게 모글리처럼 길었던 것은 아마도 내 고등학교 시절 3년을 망령처럼 쫓아다니며 괴롭혔던 그 염병할 두발 규제 때문이었을 것이다. 전라북도 익산시에서 장장 십몇 년을 살아왔던 촌구석 말라깽이는 그 차림을 하고서 캠퍼스에 입성했다. 당연하겠지만 거기에서 그렇게 과하게 차려입은 사람은 오직 나 하나뿐이었다.

 학교에서 간단한 입학식을 한 뒤 가게 되는 오티 장소는 스키장이었다. 무슨 지역이었는지 기억나지 않는다. 내겐 조금이라도 관심 없고 쓸데없다 싶은 정보는 머릿속에서 아예 소거해버리는 고질적인 습관이 있는데, 이건 때론 매우 유용할 때도 있지만 지금은 딱히 그렇지 않은 것 같다. 미주알고주알 낱낱이 알고 있었다면 더 회상하기 재미있었을 텐데. 아무튼, 당연히 스키장을 가니까 다른 형들과 누나, 친구들은 당연히 스키장에 가는 것 같은 복장이었던 것 같다. 특히 재수생 남일이 형이 기억난다. 저 사람을 그대로 복사 붙여넣기한 행성이 있다면, 차라리 뒈져버려야겠다는 생각이 들 정도로 정말 따분하고 멋없는 복장이었던 것 같다. 아, 어쨌든 그건 됐다. 어차피 숭늉 찾으러 우물가에 온 게 아니다. 배꼽 아래 방울들 딸랑거리는 소리나 듣자고 먼 길 온 건 더더욱 아니다.

내게는 배꼽 아래 '딸랑' 따위보다 배꼽 위의 '덜렁'이 훨씬 궁금했다.

그게 뭔 씨나락 까먹는 소리냐고?
좋아. 같잖은 말장난은 접어두고 돌직구 던질란다.

유전자에 무슨 이상이 생겼나 싶을 정도로 가슴이 크고 엉덩이가 남산만한 서울 여자들을 잔뜩 보러 왔다 이 말이다. 그 외에 미래고 비전이고 취업이고 나발이고는 개나 줘버려도 괜찮다 이 말이다. 난 그러려고 대학에 온 놈이니 말이다. 하지만 난 정확히 탐색 5초 만에 인상을 구기며 대실망을 해버리고 말았다. 뭐여, 이게 서울 계집애들이여? 니미럴, 서울 계집애들 다 얼어 뒈졌는 갑네. 그렇게 똥 씹은 얼굴로 삐딱하게 서 있는데, 뒤에서 누군가가 나를 아는 척했다.

이상과 현실의 괴리감에 빠진 철없는
스무 살 인생은 그렇게 시작되었다.

꿈나무 여러분들께 희소식. 누구나 어른이 '되긴' 됩니다.

2019　　　　　　　　　　　　　현재

2. 이 세상의 주인공은 무조건 나일 거라 믿었었지

 오늘은 꽤 마음이 많이 힘들었다. 어제오늘, 이틀을 일하고 나니 아무래도 난 이 회사에 적응하기 힘들지도 모르겠다는 생각이 들었다. 파악해본 결과……. 이 회사, 살아남기가 무척이나 힘들 것 같다. 8년 되는 시간 동안 (이 회사가 8년 정도 되었다는 것은 방금 전에 구직 사이트에 명시된 회사 정보를 통해 확인한 사실이다. 사실 그전까진 관심도 없었고 기억에 남지도 않았다) 이 회사는 겨우 근근이 버티고 버텨낸 것이다. 그렇게 판단을 하고 나니 마음 한 편이 너무나 아팠다. 정말 견디기 힘들 정도로 아팠다.

 회사의 대표인 두 내외분이, 순해 빠진 얼굴로 사람 좋은 웃음을 짓고 있는 부부가, 그 선한 얼굴 뒤로 얼마나 많은 눈물을 흘리고 근심과 걱정으로 밤을 지새우며 날을 새웠을지 생각하니 마음 한편이 아려왔다. 사실 퇴근할 때까지만 해도 안 그랬다. 사실 그때까지만 해도 나도 내 마음을 잘 파악할 수 없었다. 하지만 집으로 돌아와서 따뜻한 밥을 먹고 나니 문득 그런 생각이 들기 시작한 거다. 그래서 몇 번이나 울컥했다. 참 염병이다. 내 앞날도 앞가림 못하는데……. 등신이다……. 그 두 사람은 어떤 기적을 기다리며, 단단한 바위에 계란을 던지고 있을까? 내가 조금만 영악했다면, 조금만 더 개잡놈 같았다면 그러거나 말거나 이거나 까 잡수라며 월급 루팡질을 했을 것이다. 하지만 또 꼴에 사장이었다고, 자꾸 감정이입이 되는 것이다.

여기엔 처음 말하는 거지만……. 나, 사장이었다. 그래도 한때 잘 나갈 때는 강남 사무실에 직원이 일고여덟 정도 있었던…… (누가 보면 에게게라고 하겠지만 정말 좋은 시절이었다) 아, 뜬금없지만 여기에 나 자신에 대한 약속 하나만 하자. 이곳엔 절대로, 아주 사소한 거짓말이라도 치지 않기. 그냥 병신 같은 짓이면 병신 같다고 말할 거고, 잘했다고 한 건 잘했다고 할 생각이다. 눈치 빠른 당신이라면 아마도 나란 놈에 대해 애저녁에 신상 파악했을 것이다.

이 이야기는 뭘 대단하게 해낸 유명인사의 이야기가 아니다. 만들어진 미소를 짓고 간절히 바라면 모든 게 이루어진다고 말하는 행복 전도사의 이야기도 아니다.(그렇게 아무 데서나 되도 않는 거짓말과 에너지를 헤프게 쓰고 다니는 부류는 아주 높은 확률로 또라이거나 마약 소지자, 혹은 중증 우울증을 앓고 있을 것이다) 미안하지만, 난 여느 에세이 작가들처럼 당신에게 어떤 그럴싸한 위로나 공감의 말 따위 또한 해주지 않을 생각이다. 그런 짓도 그럴 만한 깜이 되는 놈이나 하는 거다. 이건 그냥 어떤 망나니가 간신히 어른이 된 이야기다. 말하자면, 당신은 절대로 피해 가야 할 인생 중 하나라는 것이다.

 무서워 죽겠지? 지금이라도 늦지 않았다. 도망가라.

 난 어렸을 때만 해도, 그러니까 대학을 졸업하기 불과 일년 전까지만 해도 내가 굉장히 잘 먹고 잘 살 줄 알았다. 왜냐하면 말을 너무 잘했기 때문이다. 하기에 인생이 정 안 풀릴 것 같으면 사기꾼이라도 돼서 어떻게든 입에 풀칠은 낙낙히 하고 살지 않을까? 그런 팔자 늘어진 생각을 곧잘 해왔던 것 같다. 다른 놈들은 몰라도 나만큼은, 무조건 잘 살 줄 알았다. 나야말로 이 세상의 주인공감이라고 생각했다. 대학을 졸업하면 내 손에는 자연히 벤츠 키가 쥐어지고, 출퇴근은 당연히 도곡동에서 하게 될 줄 알았다. 그래야 말이 되는 얘기였다. 그런데 나이가 들어가면 들어갈수록 염병할 놈의 세상은 벤츠 키는커녕 똥 묻은 빤쓰 같은 멋대가리 없이 드러운 경험들만 잔뜩 안겨준다. 그런데다 자꾸 내게 딴 놈들한테 자리를 내어주고 비키고, 꺼지라고 한다. 아니 시부럴, 내가 무슨 전성기 시절 이효리도 아니고 자꾸 비키란다. 그렇게 비키고 꺼져 주기를 반복하다 보니 지금 서 있는 곳이 완전 구석탱이다. 그럴 생각 전혀 없었는데 얼떨결에 여기까지 오게 된 것이다. 아니, 근데 지금 와서 이딴 얘기 다 무슨 소용이람. 빌어먹을, 머리 아프다. 이제 과거 얘기로 좀 넘어가자.

됐어, 오늘은 여기까지.

난 어렸을 때만 해도, 그러니까 대학을 졸업하기 불과 일 년 전까지만 해도 내가 굉장히 잘 먹고 잘 살 줄 알았다.

그리고 이 모든 것은 우스운 착각에 불과했지

과거　　　　　　　　　　　　　　　　2007

 그러니까 어디까지 얘기했더라…… (사실 어디까지 얘기한 지는 잘 알고 있다. 그냥 이건 옛이야기를 지껄이는 변사가 내뱉는 추임새 같은 거라고 생각해주시라. 한 마디로 염병 떨어본 거다) 그렇게 내 어깨를 두드렸던지, 아니면 야야거렸는지, 아무튼 간에 뒤에서 날 불렀던 이는 다름 아닌 모택경이라는 놈이었다.

 그렇다. 내가 앞서 언급한 적이 있는 내 단짝이'였던' 녀석 말이다. (이놈과의 엔딩은 앞으로 천천히 풀어 나가겠다. 시간은 많으니까……. 〈역설적인 의미에서〉) 난 기억력이 오질나게 좋지 않지만 적어도 이것만큼은 녀석에 대해 확실히 기억난다. 빨간 가죽 자켓과 검정 티셔츠. 금목걸이도 했던가? 그것까진 정확하게 기억이 나지 않는다. 하지만 그 빨간 가죽 자켓은 확실히 기억난다. 그 낭시 세벱 깔쌈하다고 생각했던 녀석의 왁스 발린 헤어스타일도 기억난다.

**동성에게서 느낄 수 없었던 불꽃튀는,
운명적인 만남이었다고나 할까.**

 어딘가 나사가 하나 제대로 빠진 놈 같았다. 그래서 내 마음에 쏙 들었다.
 "왔어?"
 그게 녀석이 나에게 한 첫인사였다. 녀석과 난 맹세코 초면이었다. 이거 완전 미친놈이었다. 그래서 더럽게 마음에 들었다. 내 생에 맨 처음으로 만나보는 껄렁패, 생 양아치 같은 놈이었다. 사실 내가 고등학생 때까지 살았던 익산에도 양아치 놈들은 무척이나 많았다. 조폭도 꽤 많았던 걸로 기억한다. 하지만 두 눈이 번쩍 뜨이는 하드보일드한 이미지를 가진 녀석은 한 번도 보지 못했다. 티비와 영화를 비롯한 매체에서 왜곡되게 표현되는, 영상 매체 속 양아치 특유의 돌발성과 광기. 그런 기질을 폭발하기 직전인 내면에 붙들고 초원 위의 야수 같은 모습으로 내 피를 끓게 만드는 뮤즈 따윈 없었다. 아무래도 촌놈들이라 그렇게까지 격상한 수준의 양아스러움까지는 겸비하지 못했던 모양이다. 일진이고 양아치라 봐야 고작 알싸한 들풀 내 나는 논밭에서 멋대가리 없게 쭈그려 앉아 담배나 빠끔거리는 게 전부였다.

그런데 이놈은 뭔가 달랐다. 일반 양아치가 아닌 것 같았다. 진짜 수틀리면 바지춤에 찔러 넣은 스위치 블레이드 같은 것을 꺼내 비열하게 휘두를 것 같고, 면상에서 코피 한 번 빵 터지면 흰자위를 드러내며 무당 춤이라도 출 것 같은, 광기 어린 독종의 얼굴을 하고 있었다. 멋들어진 가죽 자켓을 입고 있어서일까? 나는 모택경의 첫인상이 마치 일본 애니메이션 아키라에 나오는 네오 도쿄의 폭주족 카네다 같다는 생각을 했다. 한눈에 캐릭터가 딱 들어오는 놈이었다. 정말 마음에 들었다.
"담배나 한 대 조지러 가자."
그러고는 대뜸 하는 다음 말이 이거였다. 마치 내가 흡연자라는 게 더는 따지고 재고할 것도 없이 지극히 당연한 자연의 섭리라도 되는 듯 말이다. 녀석은 나를 약간 자기와 비슷한 동류라고 생각했던 모양이다. 생판 처음 보는 날 그렇게 제멋대로 생각해버리는 것마저도 마음에 쏙 들었다. 무엇보다 중요한 건, 나도 담배 피우는 걸 우라지게 좋아했다는 것이다.

 내가 그때 피던 담배가 뭐였지?라고 타자를 치자마자 바로 생각나는 담배, 던힐 프로스트. 그래, 아마 그때 그거 피웠을 거다. 내가 첫 흡연을 던힐 프로스트로 시작한 연유는 딱 하나였다. 겨울을 참 좋아했기 때문이다. 녀석을 입안에 넣고 호흡할 때마다 광대뼈 위까지 돋아 올라오는 그 녀석 특유의 한기 어린 서늘한 맛이 참 좋았다.
 모택경은 말보로 레드를 피웠을 것이다. 걔가 입었던 빨간 가죽 자켓 때문에 그렇다고 생각하는 건지도 모르겠다. 아무튼 난 그 녀석과 함께 담배를 피우면서 그나마 안도감을 느끼기 시작했다. 나도 사실 뭐 별 볼 일 없는 말라깽이 땡땡이 스카프 나부랭이였지만, 솔직히 모택경이 말을 걸어오기 전까지만 해도 난 내 대학생활에 대해 순식간에 회의감을 느끼고 있었다.

 앞서 말했듯이 눈구멍이 헐도록 비비고 살펴봐도 내 머릿속에서 멋대로 기대했던 전형적인 서울 여자의 표상이 우리 과엔 단 한 명도 보이지 않았기 때문이다. 그런고로 모택경같이 기가 막힌 양아치 친구를 만나게 된 건 여러모로 다행이었다. 우린 마치 머리 꼭대기서부터 팬티 아래 사정까지 낱낱이 꿰고 있는 불알친구라도 되는 거 마냥, 굳이 형식적인 맞장구를 쳐줄 필요도 없이 죽이 척척 맞는 음담패설과 학교에 대한 험담으로 서로의 기호를 파악하고, 상대방의 전력을 (그러니까, 어디까지 놀아본 이력이 있는 놈인가를) 파악했다. 그렇게 노가리를 까고 있는데, 학생식당이 딸려 있는 회관 앞에서 (무슨 무슨 관이었는데 이것도 기억이 안 난다. 난 정말 새대가리가 맞나 보다) 당시 학회장이었던 김승현 선배가 우릴 러시아 어문학과가 있는 건물로 안내했다.

그땐 모든 게 처음이라 낯설어서 그랬는지는 몰라도 '거 참 길 한번 존나게 가파르고 빡세네' 란 생각까진 미처 하지 못했던 것 같다. (우리 학교는 등하굣길 코스가 가파르기로 정평이 나 있었다) 마치 호그와트로 입학하는 번개 흉터 이마를 가진 꼬맹이 해리 포터가 된 기분? 그래, 아마 대강 이런 느낌이었을 것이다. 모든 게 신기하고 설레었다. 여러모로 대학생활에 무척이나 큰 기대를 안고 있었으니까. 어문대 건물 중 작지 않은 강의실 안에 들어가서 신입생들이 주르륵 자리에 앉았고, 해리포터 정창주의 단짝 친구가 된 붉은 머리 대신 붉은 가죽 자켓을 입고 있는 론 모택경이 내 옆에 앉았다.

우리는 다시 사방을 둘러보면서 혹여나, 아니 그래도 시발, 단 한 명쯤이라도 미처 체크하지 못한 환상적인 여자가 내 시야의 사각지대에 앉아 다소곳한 자스민 향을 풍기며 은은

하게 죽탱이치고 있지 않을까 하는 얄팍한 기대감으로 눈알을 데룩데룩 굴렸던 것 같다. 그리고 난 이렇게 말했다.
"에라이 씨버럴, 낙이다, 낙."
 내 기억 속 김승현 선배는 진짜 그야말로 선배다운 인상을 풍기는 사람이었다. 사실 중딩 때나 고딩 때 한 살 차이만 나는 형이어도 어려웠는데, 이제는 나잇밥을 한꺼번에 몇 살씩이나 후루룩 말아잡순 것 같은 놈들 투성이니 그럴 만도 했다. 김승현 선배가 우리 앞으로 나와서 뭐라 뭐라 말하는데, 우리 과 여자애들 중 몇몇이 조금 초롱초롱한 눈빛을 보내거나, 아니면 나지막이 들릴 만하게 '잘생겼다'라는 식의 말을 했었던 것 같다. 그 말에 픽 하고 냉소적인 코웃음을 쳤지만 마음속으로는 김승현 선배를 조금은 질투도 하고, 부러워하기도 했었던 것 같다.

 여러모로 신입생 오티를 설렌 마음으로 기다렸던 여러 가지 이유 중에 하나라면 역시, 우리의 신입생 환영회 오티 장소가 스키장이었다는 것. 그렇다. 내 인생 처음이자, 아직까지는 마지막인 스키장.
"말 존나 기네 시팔."
"걍 하게 내비둬바. 뼛속까지 새겨들으라고 밤새 준비했는게 비지."
 우리 둘은 강의실 거의 맨 끝자리에서 아슬아슬한 수위를 넘나들며 껄렁 거렸고, 그런 행동은 우리 근처 녀석들에게 위화감 혹은 긴장감을 주기에 충분했다.

 모두가 겁내는 못된 불량배가 된 것 같은 느낌이 들어 묘한 쾌감이 느껴졌다. 하지만 그것도 오래가지 못했다. 앞에서 한참을 떠들어대던 김승현 선배가 굳은 얼굴로 우리 쪽을 바라보고 있었기 때문이다. 그 모습에 우리 둘은 누가 먼저랄 것도 없이 자세를 고쳐잡고 금세 순한 눈으로 김승현 선배의 얼굴을 바라봤다. 김승현 선배가 우리에게 꽂힌 시선을 이내 다른 데로 돌렸다. 우리 둘은 서로의 얼굴을 바라보며 킥킥댔다. 그렇게 내 대학생활은 시작되었다.

"그래, 왔다." 지금이라면 이렇게 맞받아칠 수 있을 텐데.

2019　　　　　　　　　　　현재

3. 그땐 나이란 게 변치 않는 보석인줄로만 알아서

 오늘은 확실히 어제보단 나은 것 같다. 다행이다. 사실 오늘 아예 회사를 안 나갈까도 생각했다. 어제 정말 회의감에 미쳐버릴 것만 같았기 때문이다. 뭔가 현자 타임 비스무리한 것이 와서 아침 일찍 일어났는데도 한참을 멍한 표정으로 이부자리에서 헤매다 결국엔 지각을 해버리고 말았다.(15분 정도)

 뻔뻔스럽게 지각을 했는데도 별로 죄송한 마음이 들지는 않았다. 왜냐하면 정말 오늘까지만 얼굴 비추고 그만둬야겠다는 생각을 했기 때문이다. 그래서 오늘은 사실 별로 회사 업무에 관해 스터디한 것도 없다. 입찰 피티 장소로 가기 전까지 시간이나 때웠던 것 같다. 어제도 분명하게 느낀 점이지만, 사람들은 참 착하다. 학교, 군대, 전 직장을 포함한 사회 사람들 중에서 이렇게 죄 착한 사람들만 모인 집단이 있었던가? 내가 알기론 없다. 낮에는 순두부찌개를 먹었다. 그리고 오늘은 날이 매우 맑았다. 그래서 왠지 더 좆같은 기분이 들었던 것 같다. 점심 먹기 전까지 네이버 검색창에 '작가 되는 법', '전업 작가 수익' 따위의 키워드나 치며 멘탈 마스터베이션과 하등 다를 것없는 짓거리를 하고 있었다. 하……. 까짓것 그냥 확…… 미쳤다고 올인해버릴까? 그 생각을 정말이지 심각하게 했던 것 같다. 여기서 잠깐, 내가 정말로 바라고 염원하는 꿈이 딱 한 가지있다.

 원 히트 원더, 말 그대로 재능을 살려서 뭐 하나 대박을 치는 것이다. 난 솔직히 내 글솜씨가 유일한 원 히트 원더의 자산이 되지 않을까 하는, 누가 보면 콧방귀 절로 나올만한 다소 근거 없는 기대감을 가지고 있다. 한탕주의라고 생각할 수 있는데, 맞다. 굳이 구구절절하게 말 돌려가며 고상한 이유 갖다 붙일 거 없이 한탕주의 확실히 맞다. 걍 한탕 크게 벌어먹고 아무런 걱정없이 신선처럼 살고 싶다. 앞으로 남은 인생에 대한 걱정은 개나 줘 버리고 말이다.
 쥐뿔도 없는 주제에 꿈이 크다고? 괜찮다. 꿈은 분수에 넘치게 크게 가져도 좋다. 설혹 산산이 부서지더라도 그 조각만큼은 클 테니까. 어쨌든, 밥 먹은 후에도 그런 복잡한 생각을 안고 책상머리에서 멍을 때리고 있었다. 그리고 막간에 테이프 작업을 비롯한 단순노동을 하기 시작했는데, 난 이 일이 오늘 중 내가 그나마……. 아주 그나마 밥값을 했던 대목이라고 생각한다. 그리고 이걸 할 때 유일하게 잡념이 없었다. 하지만 그때도 어김없이 현자 타임이 찾아왔었다. 그렇게 영혼 잃은 눈빛으로 테이핑 작업을 하고 있는데…. 오늘 예정되었던 입찰 피티 장소로 출발을 하게 되었다. 이상하게 회사 밖을 나서니 뭔가 마음이 누그러지는 듯한 느낌이 들었다. 아마도 오늘 날씨가 무척이나 좋아서인 것도 요인 중에 하나였을 것이다. 평소처럼 미세먼지(라고 쓰고 개 같은 중국발 살인 먼지라고 부르고픈)가 그득했다면 그런 느낌이 들지는 않았을 것이다. 지하철을 타고 사람들을 보니 마음이 점점 더 누그러졌다.

 가는 길에 대표님과 이런저런 얘기를 나눴다. 참 좋은 분인 것 같다. 아마도 이 분이 교수나 선생님이었다면 정말 존경할만한 사람이지 않았을까 하는 생각도 해본다. 뭔가 도와주고 싶은 마음이 드는 본능이 생겨나게 하는 사람이다. 그리고 오늘 근무가 끝나기 삼십 분 전, 곽명우라고 하는 내 옆자리 인턴과 이런저런 이야기를 나누었다. 여기와서 처음으로 즐거움을 느끼면서 나눈 대화였다. 이 사람도 참 착한 사람인 것 같다. 오늘 느낀 점은……. 모르겠다. 그냥 여기에 있는 사람들 다 잘 됐으면 좋겠다. 주말 드라마에 나오는 가난하지만 다복한 가정을 보는 것 같은 느낌이다. 내가 pd라면 ppl 광고라도 왕창 협찬받아 때려 넣어주고 싶을 정도로 주말 드라마 가족스러운 분위기다. 그리고 나 같은 놈도 과장이랍시고 예우해주는 이분들의 마음씨에 감사함을 느낀다.

 어쨌든 그건 그거고, 중요한 건 입찰 피티를 마치고 돌아오는 지하철 안에서 좀 섹시하게 생긴 여자들 세 명 정도랑 아이 컨택을 나눴다는 것이다. 그러고 나니 삼림욕을 하고 온 것처럼 머릿속이 상쾌해졌고 아름다운 명화를 본 것처럼 마음이 유해졌다. 요새 들어 부쩍 대한민국에 미인들이 많아진 것 같다. 길거리든 에스컬레이터에서든 지하철에서든 형형색색 꽃다발 천지다. 경제가 어려우면 치마가 점점 짧아진다는데. 그건 모르겠고 확실한 건 미인들이 점점 많아지고 있다는 것이다. 미인 강국 꼬레야 뽀레버. 좋은 현상이다.라는 뿌듯함과 함께 회사로 복귀했다.

"에라이 씨부럴."
 화장실 안의 거울을 본 나는 나지막한 욕지거리를 내뱉었다. 참 애석하게도 나이가 들어서인지 요즘 내 앞머리 숱이 조금씩 비어감을 느낀다. 이러면 곤란하다. 머리에 털 없는 남자는 위대하신 갓한민국에서만큼은 영원한 2등 시민이니까.
아 옛날이여………
 이런 말이 절로 나왔다면 이제 다시 과거 이야기로 돌아갈 때다.

〈머머리 공포증.txt〉

앞으로

공짜를 좋아하지 않겠습니다.

자린고비짓 하지 않겠습니다.

그러니까 이것 좀 물러주세요.

과거　　　　　　　　　　　　　　　　　2007

 어디까지 얘기했었나……. (이번에는 앞서 말했던 그 변사조의 청승을 떠는 게 아니다. 정말 어디까지 얘기했었는지 기억이 모호하다. 다시 앞을 보고 와야겠다) 아, 모택경과 강의실 뒷자리서 김승현 선배를 씹고 껄렁대다가 하마터면 큰일 날뻔한 것까지 얘기했었지. 누차 몇 번이나 말했지만, 난 기억력이 무지 안 좋기 때문에 그 스키장이 어디에 위치해있고 (용평 정도였으려나? 확실치 않다) 그곳까지 버스를 얼마 동안 타고 갔는지 잘 기억이 나지 않는다. 그래도 아마도 버스를 타고 갈 때는 모택경과 나란히 앉아서 갔을 것이라고 생각한다.
 아, 그리고 여기에서 말하지 않은 또 한 명의 친구와 우리 학과 동기들에 대한 이야기를 좀 해야겠다. 내가 남일이 형 다음으로 눈길이 갔던 사람은, 찬수 형이었다. 윤남일과 김찬수. 난 솔직히 이 두 사람이 무슨 혈연관계에 얽혀 있거나 아니면 국정원에서 비밀리로 양성 중인 찐따사관학교 동기라도 되는 줄 알았다. 그만큼 두 사람 차림새와 외모가 무척이나 비슷했다.

**결국 난 오티가 끝나는 그 순간까지
두 사람의 이름을 헷갈릴 수밖에 없었다.**

 그리고 그 무렵의 광산이 형도 기억난다. 맞다, 우리는 스키장으로 가기전에 학생 식당에서 밥을 먹었다(반찬이랍시고 술집 안주로 자주 나오는 작은 원기둥 모양의 감자튀김을 줬었던 것 같기도 하다). 그때 우리 남자 동기들끼리 모여서 다들 전력을 (말했지만, 얼마나 놀아본 놈인가를) 슬며시 파악했었던 것 같다.

 광산이 형은 그때도 역시 뭔가 고요한 광기에 젖은 듯한 눈빛이었다. 그리고 그 눈빛과는 매우 역설적으로, 재수생이 아닌 우리 88, 빠른 89년생 진또배기 신입생들에게 "말 놔요, 말 놔요"라는 말을 했었던 게 기억난다. 그 뒤로 오티가 끝날 때까지 광산이 형이 무슨 말을 했었는지는 사실 기억나지 않는다. 가급적이면 그 형과 말을 섞지 않으려고 했기 때문이다.

**너무 무서웠다. 차라리 이 사람에게는
아예 말을 걸지 않는 편이 낫다고 생각했다.**

그리고 찬진이 형도 기억난다. 이토 준지 만화에서나 나올 법한 저주 인형을 만드는 야꼳 캐릭터 같은 음침한 다크서클과 많이 부족한 머리숱, 그리고 교정니가 생각난다. 하지만 내 기억이 맞다면 찬진이 형은 생긴 것에 비해 그래도 첫인상이 서글서글했고, 곧잘 이런저런 말도 잘 했던 것 같다. 아쉽게도 그렇게 열심히 했던 이런저런 말들 중에 내 기억에 남는 건 없지만.

**찬진이 형은 말투나 행동이나
여러모로 박애주의적인 사람이었다.**

그리고 일권이. 일권이는 90년대 동네 빵집 빵 봉투에 그려져 있는 제빵사같이 넉넉한 미소를 짓고 있었던 게 기억난다. 특유의 사람 좋은 웃음. 그리고 순대국밥을 무척이나 좋아한다고 말했던 것이 기억난다. 지금 와서 생각해보니, 우리들 중 외모적으로 가장 많은 변화를 거친 사람이 아마 일권이가 아닐까 생각한다. 그때는 확실히 조금 퉁퉁한 편이었다. 마지막으로는 윤빈이다. 윤빈이는 서른한 살 지금까지 계속 연락을 나누는, 내 몇 안 되는 단짝 중에 하나다. 근데 솔직히 말하자면, 그 당시에는 난 윤빈이가 제일 존재감이 없다고 생각했었다. 아무런 말도 없이 슬금슬금 그림자처럼 돌아다니는 느낌이라고 해야 되나? 솔직히 내가 별로 좋아하는 느낌은 아니었다.

 그때 당시 난 무조건 열혈에 외골수였다. 한 마디로 내 꼴리는 대로만 행동했던 놈이었다. 그리고 자기 과시를 지나치게 하는 경향이 있었다. 그런 내 생겨먹은 꼴을 제대로 보여주겠다는 심산으로 다 같이 밥 먹는 자리에서 기어이 학과 차석 입학이라고 자랑질을 했었던 것 같다. 지금 와서 생각해보면 참 부질없다. 다 거기서 거기 도긴개긴인 주제에 무슨 차석 따위가 대단한 거라고…….

 스키장에 도착해 숙소에 집합했을 때, 하마터면 범석 선배한테 맞을 뻔했던 게 기억난다. 난 선배들이 얘기하는데 앞에서 다리를 덜덜덜 떨었다. 이건 확실히 처맞을 짓이 맞다. 하지만 나로서도 별 수 없었다. 선배랍시고 훈장질하는 건 아까 강의실에서도 충분했다. 게다가 머릿속에 온통 섹스, 담배, 술을 비롯한 고삐 풀린 유흥 생각밖에 없는 나에게 러시아 어문학과이 비전이니 취업전망이니 ㄱ 따위 것은 저 멀리 북녘에서 날아 들어오는 삐라만큼이나 잡스럽고 의미 없었다. 하지만 선배들은 나와는 생각이 달랐나 보다. 따분한 표정으로 다리를 떨어대는 나를 향해 일제히 도끼눈을 뜨고 노려보

앉다.

 천만다행인지 운 좋게도 '너, 까불지 마라.'라는 충고 정도로만 그쳤다. 안 맞은 건 여러모로 참 다행이었다. 그러고 보면 우리 학과 선배들도 참 착했다. 까먹을까 봐 미리 얘기하는 거지만, 향후 이름도 기억 안 나는 선캄브리아대 고학번 선배에게 술자리에서 진짜 제대로 후둘겨 맞을 뻔한 적이 있다. 역시나 이유는 동. 주제도 모르고 비실거리며 나댄다는 이유 때문이었다.

 스키를 먼저 탔나, 술을 먼저 마셨나, 잘 기억 안 나지만 확실한 건 신입생 특유의 같지도 않은 똥꼬쇼를 준비했었던 것 같다. 2007년도에 새로 입학한 전체 과 신입생들의 단합력을 느낀다는 취지에서 만들어진 일종의 콘테스트이자 신고식이었다. 그 쇼의 프로그램 중에서 가장 치욕스러운 부분의 정점이라고 말할 수 있는 여장남자 콘테스트의 당첨자는 윤빈이었다. 참 다행이었다. 지금은 덜하지만 남자는 남자다워야 한다라는 생각이 뿌리 깊게 박혀 있던 내게 그딴 걸 시켰다면, 난 범석 선배가 그 자리에서 날 때려죽였어도 안 한다고 했을 것이다. 어쨌거나 난 분명히 그 당시의 윤빈이가 매우 음침한 유령 같은 놈이라고 생각했었는데, 어느새 보니 여자애들도 그렇고 선배들도 그렇고 윤빈이의 존재를 아주 잘 알고 있었다. 원인이 뭔고 생각해보니, 윤빈이는 키가 크고(185

센티미터가량) 얼굴이 깔끔하니 잘 생겼었다.

난 왠지 윤빈이가 뱀 같다고 생각했다.
아무런 말도 없는 냉혈 동물.

 근데 난 그 당시에 그것도 딱히 인정을 안 했다. 가뜩이나 여자애들 사이에서 내 외모에 대한 언급이 하나도 안 되는 것도 짜증 나는데 웬 허깨비 같은 놈이 미남이랍시고 떠받들어지는 상황이 영 내 맘에 들지 않았던 것이다. 어쨌든 윤빈이는 검정 스타킹으로 매끈한 각선미를 내보인 여장으로 대망의 똥꼬쇼를 성황리에 마쳤다. 1달러만 내면 5만 달러어치 성병에 걸리게 만들어 버릴 것만 같은 추잡한 호모 창녀 같은 비주얼이 뭐 그리 열광스러운지 우리 과 여자애들이 광신

도처럼 꽥꽥거렸는데, 역시나 어김없이 존나게 마음에 안 들어서 참 한결같은 아이들이구나라는 생각이 들었다.

 그리고 기억난다. 아마도 영문학과 애들이었을 것이다. 땅딸막한 여자애들끼리 나와서 '아~, 아~' 하는 탈춤이나 판소리 같은 추임새를 넣으며 웬 이상한 꽁트 같은 것을 했었는데, 구색 없는 병신 놀음 같았지만 이게 유일하게 기억나는 걸 보니 그나마 재미있는 퍼포먼스였던 것 같다. 이제 같지도 않은 가오는 잠깐만 접어두자. 솔직히, 기분이 무척이나 좋았다. 난 날 때부터 지금까지 쭉, 뭔가 변두리 인간 같은 냄새를 풍기며 살았었다(사실 지금도 다분히 그런 냄새를 풀풀 풍기고 다니기는 하다). 하지만 왠지 모르게, 이곳에서는, S대 러시아 이문학과에서는, 뭔가 새로운 친구들과 함께 그야말로 '같이 어울릴 수' 있을 것 같다는 생각이 들었다.

 아마도 그것은 내가 어릴 때 즐겨보던 시트콤인 '논스톱'의 영향이 컸을 것이다. 논스톱을 보고 자라난 나는 정말 이곳에서 중간고사를 치기 직전까지만 해도 대학에서 치르는 모든 시험에 대한 답안이 적힌 족보가 마법의 비밀문서처럼 어딘가에 존재하는 것이라고, 그리고 그걸 찾아내서 꽁으로 대학을 다니는 사람은 당연히 내가 될 거라고 생각했다. 그만큼 내게 있어 대학은 완벽한 환상의 세계였다. 그리고 그 지긋지긋한 소똥 내 풍기는 익산 깡촌에서 완벽하게 벗어나 독립하지 않았는가. 상상이 되는가? 문자 그대로 소똥 내가 났 단 말이다.

 이런저런 전후 상황을 따져봤을 때, 스무 살 정창주에게 있어서 대학생활은 정말이지 새로운 모험 그 자체였던 것이다. 그리고 그래야만 했다. 오직 이 날을 위해 학교라는 틀에 갇혀 숨을 죽이고 있었다고 해도 과언이 아니었기 때문이다. 내 기억이 맞다면, 그때 소주를 처음 마셔봤을 것이다. 맥주 나부랑이 따위야 뭐 고등학생일 때도 많이 마셔봤었다. 하지만 그것도 몇 번 마시다 보니 어른 흉내 발치에도 못 갈 정도로 시시했다.
 아무튼 소주는 이번이 난생처음이었다. 동기들끼리 다 같이 방에 모여 소주를 마실 때는, 조금 두근두근한 감이 있었다. 처음 마시는 소주, 밤꽃내가 그득하게 풍기는 고추밭 남고 3년 생활을 하다 처음 조우하는 득시글한 여자들, 게다가 인터넷에 떠도는 무수한 도시전설에 의하면, 오티에서 총각 딱지를 떼거나 재미를 거하게 보는 경우가 그렇게 많다고 하지 않았던가! 내가 그때 콘돔을 챙겼었던가? 기억나지 않는다. 하지만 확실한 건, 어떻게 잘만 하면 선배들하고도 한번 떡을 쳐볼 수도 있지 않을까라는, 지금 생각해보면 택도 없는 불경스러운 기대를 했던 것 같다.

 지금 와서 보면, 여성 단체에서 들고일어나 시위라도 할 법한 온갖 유사 성행위스러운 게임을 하면서 놀았던 것 같다. 남녀 짝지어서 빼빼로 갈아먹기, 여자를 품에 안고 점점 좁아지는 신문지 위에서 버티기 등등……. 어찌 보면 또 오티에서 떡을 치는 게 불가능한 도시전설 따위도 아니었을 것 같다. 아니, 나도 모르는 어디에선가 은밀한 섹스를 즐기는 체리피커들이 있었을지도 모르겠다. 아무래도 술이 좀 들어가서일까? 얼핏 봤을 땐 죄다 서렌치기 직전의 초살난 저그 종족 같다고 생각했었는데, 가만히 빙 둘러앉아서 찬찬히 살펴보니 다들 오밀조밀하여 따분하지 않게 나름의 서사구조를 갖춘 이목구비를 가지고 있었고, 개중에는 볼따구 한 점을 꼬집어 주고 싶다고 표현하는 게 그리 거창한 공치사는 아니라 여겨질 만하게 귀엽게 생긴 애들도 있었다.

풋풋함과 싱그러움. 마법의 나이 스무 살만이 가질 수 있는 일종의 특권이었다. 여자애들은 각자 생김새는 달랐지만 그 나름대로의 마법을 얼굴 안에, 표정 안에 담고 있었다. 아마도 빵봉투 일권이가 민지예가 마음에 든다고 과감한 선빵을 날렸을 것이다. 물론, 직접 그 애 앞에다 대고는 못했지만 우리 남자 동기들 모두에게는 빠짐없이 말했다. 행여나 누군가가 애먼 자리에 앉지 않게 꼼꼼하게 탑승 수속 절차를 밟는 공항 직원처럼 말이다. 어쭈, 이 새끼 보소. 뭐, 침 발랐다 이건가. 재미있었다. 일권이의 과감한 도발에 나머지 남자애들도 그제서야 봇물 터지듯이 황급히 자신의 픽(pick)을 어필하기 시작했다.

 웃겼다. 파란을 불러일으키는 말 한마디에 금세 시끄러워지는 것이 무슨 사이비 교단의 간증회 같은 느낌이 들었다. 모택경은 양채린이 마음에 든다고 했다. 그리고 실제로도 걔 옆에 달라붙어서 '이쁘다, 이쁘다' 하면서 알랑방귀 깨나 뀌었던 것 같기도 하다. 나도 민지예가 좀 귀엽다고 생각했었던 것 같다. 하지만 그 당시에 양채린은 조금 공감하기가 힘들었다. 왜냐하면 난 드센 여자가 존나게 싫었기 때문이다. 고추들끼리 기싸움도 피곤한데, 여자까지 나서서 그러면 정말 내 머리가 터질 수도 있다. 내가 그렇게 정치적으로 유능한 인물도 아니거니와. 그리고 광산이 형인가 찬수 형인가가 같은 재수생인 오린아 누나가 마음에 든다고 했었던 것 같다.

 기억을 더듬어 보니 이 음흉한 고추 놈들이 진짜 오티에서 떡을 한 번 쳐볼까 하는 기대를 갖고 있었나? 생각해 보니 웃긴다. 어쨌든 분위기는 정말 화기애애했고, 난 정말 행복했다. 윤미선이란 누나하고 구정란이라는 누나가 진짜 싫었던 것 빼고는 말이다. 윤미선 누나는 눈은 단춧구멍만 한데, 코가 깐깐징어같이 너무 커서 그게 싫었다. 함루원 삽화에 그려져 있는 코에 사마귀가 난 마귀할멈 같다는 생각을 했다. 구정란 누나는 그냥 심술 난 호빵맨같이 생겨서 싫었다. 걍 둘 다 못생겨서 싫었다. 안 그래도 맘에 안 드는 그 두 사람은 마치 내 머리 속 불명예 전당의 체크 보드에 별 다섯 개를 꽉 채울 마음이라도 먹은 모양인지, 내 머리가 촌스럽고 구리다고 디스까지 했다. 정확히 말하자면 그 둘이 뒷다마를 까다 내게 들킨 거지만 말이다.(저녁 먹은 뒤 복도에서였다) 시크하게 씹어주려 했지만 아쉽게도 그리되지 않았다. 덕분에 내내 신경이 쓰여 수시로 화장실을 들락거리며 거울 속 내 머리를 들여다볼 수밖에 없었다. 코쟁이 마녀의 비열한 마법에라도 걸린 듯 식음을 전폐하고 미친 듯이 화장실만 들락날락거렸다. 애들은 내가 무슨 설사병에라도 걸린 줄 알았을 것이다. 시발.

그렇게 염장을 질러 놓고 그 두 여편네는 허깨비 황윤빈이 곁에 나란히 자리를 꿰차고 배시시 거리며 방뎅이를 알랑거리고 있었다. 그 자리에 탄저균을 투하하면 모처럼 참 멋진 그림이 나올 판인데, 하는 생각이 들었다. 아무튼 난 생전 처음 겪어보는 스킨십 가득한 음탕한 게임, 생전 처음 마셔보는 벌칙 소주 등으로 점점 취해가고 있었고, 술 좀 거나하게 취해서 슬슬 본 게임에 (그러니까, 떡 치는 것을) 들어갈 요량으로 주는 대로, 눈앞에 보이는 대로 닥치는 대로 퍼마셨던 것 같다.

그리고 우리 신입생들의 방에 교수님들이 한 번씩 인사를 왔었던 것도 기억난다. 문유술 교수님은 이름 따라 그야말로

술을 좋아할 것 같이 생겼었다. 오영재 교수님은 왠지 모르게 개구리 왕눈이에 나오는 엑스트라 개구리 1 같은 느낌이 드는 외모였던 것 같고, 박백천 교수님은 별다른 임팩트가 없었다. 하지만 누군가가, 저 사람 새끼손가락이 없다고 말을 해서, 그 교수의 있지도 않은 기구한 사연을 혼자서 머릿속으로 공상했었던 것 같다. 거대 폭력 조직에 몸담던 개과천선한 칼잡이일까? 하지만 그러기엔 너무 잡티 하나 없는 백면서생 같은 얼굴이었다. 러시아 사람인 나따샤 교수도 왔었나? 기억이 안 나지만, 아마도 왔을 것이다. 나따샤 교수는 졸업할 때까지도 막 서글서글하게 친해지지는 못했지만, 마음이 무척이나 따뜻했던 분으로 기억한다.

그리고 지수빈 교수는, 엄청 관리를 잘한 미인이라는 생각이 들었다. 하지만 피 끓는 스무 살 내 특유의 음탕한 상상은 들지 않았던 것으로 기억한다. 그냥, 기품 있는 미인이라고나 할까. 아무튼, 그렇게 들뜰 대로 들떠버린 난 대꼬리 째로 소주를 엄청나게 퍼마셨다.

그리고 잠시 필름이 끊겼다. 그리고 아주 잠시, 화장실 욕조에 팔다리를 늘어뜨리고 널브러져 담배를 피우고 있는 내 모습을 자각할 수 있었다. 그리고서 그 시간 이후의 일은 기억나지 않는다. 어떻게 잠자리까지 가게 되었는지도 기억나지 않는다. 확실한 건, 난 그때 2학년 과 대표였던 명준이 형에게 맞을 뻔했다는 것이다.(그 다음날 택경이에게 전해 들어서 알게 된 사실이다) 어쨌든, 내가 고대하고 고대하던 오티 술자리에 허리를 신나게 흔들어 제끼는 광란의 밤 따윈 없었다. 고주망태 술떡만 되어버렸을 뿐이다.

나만 몰랐던 사실. 그는 ' 존잘 ' 이었다.

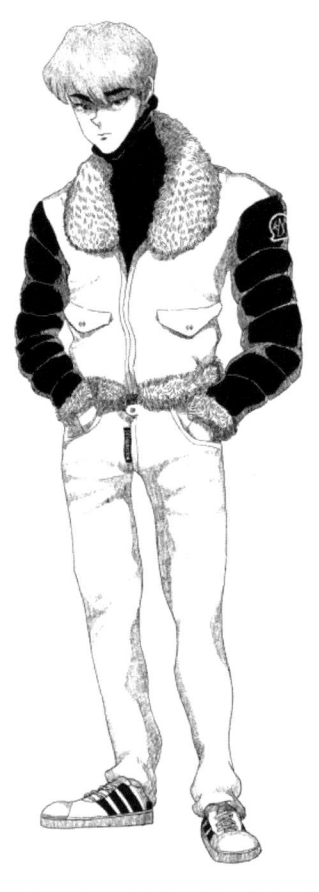

2019　　　　　　　　　　　현재

4. 소중한 순간과 사람을 하찮게 여겼던 거야

 출근 나흘 차가 되니, 대강 이 회사가 어찌 돌아가는지는 알 것 같다. 하지만 한 가지 석연치 않은 점이 있다. 이 업무 자체가, 내 성향과는 조금 안 맞는 부분이 많다는 것이다.

 이 회사는 정부기관 입회 하에 진행되는 공공입찰에서 수주권을 따내는 게 주된 일이며 수입원이다. 내가 아직 제대로 경험을 못해서인지도 모르겠지만, 내가 이제까지 쭉 경험해왔었던 로컬 영업은, 한 마디로 길바닥 영업은, 이 회사에서 하고자 하는 공공입찰과는 성향이 분명히 다르다. 로컬 영업이 자유롭게 내 맘대로 몸을 움직이는 스트릿 댄스 같은 느낌이라면, 공공입찰 수주는 마치 모든 동선이 세밀하게 짜여 있는 무대극을 준비하는 것 같은 느낌이다. 더하여 어떤 걸 하더라도 사전에 수많은 문서가 오가야 하고 협의가 필요하다. 이러다 똥 싸는 것까지 한 시간 전에 미리 문서로 만들어 허락을 맡아야 할 판이다.

그래서? 때려칠 거냐고?
아니.
그냥 다닐 거다. 입 닥치고 열심히 다닐 거다. 내 인생의 따스한 밥상은 이미 여러 차례 엎어졌으니까. 찬밥에 누렁 곰팡이가 피었더래도 합장하며 싹싹 긁어먹겠다. 아무튼 무엇보다 심각한 건, 아직까지 회사 직원들이 나를 이곳에서 사장 다음으로 버금가는 2인자 취급하고 떠받들어주는 게 정말 미치도록 뻘쭘하다는 것이다. 옛날에 보던 만화 중에 엘리트 건달이라는 만화가 있다. 그 만화의 배경이 되는 학교에는 전국에서 알아주는 무소불위의 권력을 가진 악명 높은 양아치 삼 형제가 있는데, 그중에서 주인공인 막내는 형들과는 다르게 엄청난 약골에다 뭣도 없는 놈이다. 그런데 그 학교 학생들은 너무나 당연하게도 주인공이 그의 형들과 같이 무시무시한 내공을 가지고 있을 거라 생각하고, 거의 신처럼 떠받들고, 저들끼리 찬양 집단을 만들기까지 한다.

지금 뭔 소릴 하고 있는 거냐고? 내가 지금 그 꼴이 된 듯한 느낌이 든다는 걸 말하려는 거다. 아무래도 내가 면접 때 온 갖 허세란 허세는 다 부렸던 게 화근일까? 허나 어쩔 수 없었다. 원래 궁지에 몰린 쥐새끼가 더 독한 법이니까. 어쩔 수 없지, 그냥 익숙해지는 게 최선일 것 같다. 그리고 이 일이 돌아가는 와꾸를 조금 빨리 체득해야겠다. 이 회사에서 사회 초년생처럼 막 눈에 불을 켜고 열정을 발휘할 생각까지도 없고, 그저 퇴근시간이나 딱딱 맞추는 것을 가장 중요시하긴 하겠지만, 적어도 일하는 시간 동안만큼은 일을 잘하고 열심히 하는 모습을 보여주고 싶다. 그게 그래도 날 믿고 채용해준 두 사장, 두 내외분에게 그나마 예의를 차릴 수 있는 길인 것 같다.

 당신은 앞전에 내가 글 솜씨로 원 히트 원더가 되겠다고 까불었던 것을 기억하실 것이다. 이번엔 그 근자감에 대한 이유 아닌 이유를 말해주고 싶다. 과거 얘기라서 웬만하면 과거 편에서 다루고 싶은 에피소드이긴 한데, 한 번은 이런 일이 있었다는 거다. 꾸준한 시청률을 확보하고 있던 모 케이블 방송사였는데, 정확한 프로그램명은 기억이 안 난다. 확실히 기억나는 부분만 말해 주자면, 일반인 남자 패널 여러 명을 섭외해서, 여자 연예인과 가상 연애를 하며 경합하는 러브 서바이벌 게임 프로그램이었다. 겨울 방학 때였나? 거기에다 사연을 적어 넣어 지원을 했었던 것 같다. 그런데 하루이틀 뒤에 바로 그쪽 프로그램 여자 작가한테서 전화가 왔었다. 꼭 한 번 미팅을 해보고 싶다고 했었다 그래서 방송사로 직접 갔었고, 제작진과 미팅도 했었다. 그 여자 작가는 내 외모를 보고 왠지 모르게 실망을 한 듯한 느낌이었지만 (아무래도 그 당시에 유행하는 비대칭 헤어에 태평양 같은 어깨,

그리고 엄청 키가 큰 훈남을 기대했는지도 모르겠다), 내 글을 보고 칭찬을 해줬던 기억은 생생하다.

정말 진솔하게 마음을 움직이는 글이라는 말을 해줬었다. 그때 당시 나에게 있어 십 분 만에 휙 써낸 알량한 글줄에 대한 칭찬 따위 오십 원짜리 싸구려 캬라멜만큼 의미 없었다. 그저 여자 연예인과 모의 데이트를 할 기회를 박탈당해서 기분이 엿 같았을 뿐이다. 하지만 지금 와서 생각해보니 나한테 참 좋은 말을 해줬던 것 같다.

그래서 그런 생각 했다. 아, 정 안 되면 이 짓거리로도 어떻게든 살겠구나. 그래, 좀 지켜보니 어떤가? 어떻게든 살 수 있을 것 같나? 역시 같지도 않은 허황된 소리인가? 이 허접한 이야기가 모두 다 끝나고 나면 자연히 알게 될 것이다. 역시 아무래도 현재 얘기보단 내 과거 얘기가 더 썰을 풀 게 많다.

그런 의미에서 이제 과거로 넘어갈 시간이다.

이런 나이에 요주의 관심 대상이 된다는 것이

아무래도 영…….

과거　　　　　　　　　　　　　2007

 대꼬리에 취했다. 인사불성이 되어 화장실 욕조에 꼬라박고 줄담배를 피웠다. 그리고 2학년 과 대표인 명준 선배한테 후두려 맞을 뻔했다. 그게 오티 첫날밤의 마지막이었다. 스키를 그 다음날에 탔는지, 아니면 술 먹기 전에 탔는지 기억이 확실하지 않지만 이제 스키 얘기를 좀 해볼까 한다.

 스키를 탈 때는 그야말로 진짜 스키를 즐겼던 것 같다. 에이 쌍, 어차피 선배 보지에 좆도 못 박았는데, 난생처음 타보는 스키나 좆 빠지게 타보자. 아마도 이런 심리였을 것이다. 그리고 빼먹은 부분이 있었는데, 내가 싫어하는 누나는 윤미선 누나와 구정란 누나뿐만이 아니었다. 한 학번 윗선배인 이지명 누나도 진짜 싫었다. 뭔가 원래는 전혀 안 그런 사람인데 주위를 의식하느라고 잔뜩 꾸민 듯한 쾌활한 모습이 역겨웠다.

 쥐뿔도 안 웃긴 얘기에 혼자서 소화기관에 문제가 있는 거위 새끼처럼 꺅꺅 구와악 거리면서 웃는데, 나이만 갑이었다면 도대체 니 가정에 뭐가 그리 큰 문제가 있는 거냐고 묻고 싶을 정도였다. 남자였다면 그런 거 물어볼 것도 없이 걍 패버렸을 것이다. 난 그 누나의 구강 구조가 축구선수 호나우딩요를 닮았다고 생각했기 때문에, 속으로 그 누나에게 '이띵요'라는 별명을 임의적으로 지어주었고, 그 선배가 뭔 말을 할 때마다 '그래 띵요야, 으이구 띵요 니가 그렇지' 하면서 속으로 능욕해줬다.

그 당시에 난 타당한 이유 없이 사람을 싫어하는 습관이 고약했다. 그냥 딱 봐서 싫으면 웬만하면 끝까지 싫었다. 싫은 사람이 내 앞에서 입만 벙긋해도 금강저를 뒤집어쓴 손오공마냥 머리를 감싸쥐고 인상을 구겼다. 다시 한번 말하지만 이유는 없었다. 난 그냥 쥐뿔도 없는 주제에 남 보기에 꼴 뵈기 싫은 짓만 잔뜩 골라 하는 놈이었다. 그게 이유라면 이유일 테다.

모택경은 알면 알수록 골 때리는 놈이었다. 난 그때 처음으로, 고추 달린 남자가 '고데기'라는 미용도구를 쓴다는 걸 처음 알았다. 솔직히 내가 익산에서 살 때는, 왁스와 스프레이로 지나치게 머리에 신경을 쓰는 것도 친구들 사이에서 모종의 계집애스러운 짓이라고 질타를 받았었다. 그런 생각이 박혀 있던 와중에, 사내 남자애가 웬 괴상망측한 뜨거운 쇠몽둥이 같은 걸 들고 시집가는 양갓집 규수같이 새초롬한 표정으로 거울을 요리조리 쳐다보며 머리를 가꾸는 모습이…….

아 이놈, 약간 여러 가지 의미에서 맛이 확 가버린 놈이구나 라는 생각이 들었다. 그때 승현 선배인지 누구인지가 우리 보고 '거의 화장을 하네'라는 그런 얘길 했었던 것 같은데, 내 입장에서는 좀 억울했다. 난 그저 옆에서 녀석의 요상한 기행을 지켜보고 있었을 뿐인데.

**모택경의 가방 안에는 생전 듣도 보도 못한
갖가지 아기자기한 화장 용품이 들어 있었다.**

아무튼 그날은 스키를 타는 날이었기 때문에 어제 입었던 코트에서 야상 복장으로 갈아입었다. 그 당시 없어서 못 입던 배정남 야상이었다. 그 야상은 엄마 지갑에서 몰래 슬쩍한 돈으로 산 옷이었다. 그 옷은 지금 어디 있는지도 모른다.

장롱 깊은 곳에 처박혀 있으려나. 훔친 돈으로 한 짓거리의 말로가 다 그렇지 뭐.

 스키를 타는 건 무척이나 즐거웠다. 난 하나에 꽂히면 하루 노상 그것만 붙들고 앉아 있는, 조금은 특이한 녀석이었다. 그리고 이 난생처음 경험해보는 스키라는 것이, 그렇게 하루 종일 붙들고 있어도 될 만큼 재밌는 놀이라는 걸 그때서야 알게 되었다. 다른 동기 애들은 처음에는 와 스키다 와 신난다 난리 생 호들갑을 떨다가 이내 식어버린 양은 냄비처럼 금방 질려서 그만두었던 것 같은데, 나는 정말 한참 동안이나 코스를 바꿔가면서 스키를 탔었다.
 얼레? 나 혹시 알프스 인의 후예거나 뭐 이런 쪽인 거 아냐?라는 우쭐한 망상도 함께 했을 것이다. 택경이도 나와 함께 끝까지 같이 탔던 것 같다. 지금은 스키장에 대한 느낌이 그야말로 가물가물하다. 스키를 타고 슬로프를 미끄러져 왔을 때의 그 유쾌한 느낌도 사실 거의 기억이 나지 않는다. 하지만 무척이나 즐겁게 탔었던 것만큼은 확실하다. 그리고 우리를 인솔해주는 강사 선생 같은 양반이 있었는데, 택경이와 내가 꽤 잘 탄다고 칭찬해 주면서 중급자 코스까지 도전하도록 유도를 했었던 것 같다. 스키를 다 타고 코스 아래로 내려왔을 때, 발바닥에 견착 되어 있는 보드를 빼는 법을 몰라서 그 근처에 어슬렁거리고 있던 윤빈이에게 '야, 이것 좀 빼 주라'라고 말했던 게 기억난다. 그리고 윤빈이는 그때 내가 느꼈던 느낌 그대로, 무슨 망령이라도 되는 것처럼 아무 말 없이 슬금슬금 다가와 스키 보드를 톡, 빼주고는 사라졌던 것 같다. 이 음침한 녀석에게 적응하려면 시간이 억만 년은 걸릴지도 모르겠단 생각이 들었다.

 아, 그리고 내가 또 하나 도무지 적응이 안 될 것만 같은 게 하나 더 있었다. 여기 서울 애들은 이름을 부를 때, 성을 붙이지 않는다는 것이었다. "야, 모택경"이 아니라 택경아, 윤빈아, 찬진아, 누구야, 이렇게 성을 떼고 이름을 불렀는데, 이건 사실 그 당시 나에게 정말 엄청난 충격이었다. 난 그때까지만 해도 누구 이름을 부를 때, 특히 남자 이름을 부를 때는, 꼭 성을 붙여 불렀다. 구체적인 이유가 있다기보다는 그냥 응당 그래야만 한다고 생각해왔다. 성을 뗀 이름만 부르는 것은 왠지 모르게 소름 끼쳤다. 뭔가 남자답지도 않은 것 같았고 그런 식의 호명은 여자애들끼리나 화장실에서 시시덕거리며 할 따위라 생각했다.

 그런데…. 여기 서울 놈들은 죄다 호명을 그런 식으로 하는 것이다. 어처구니가 없어 웃기면서 조금 당황스럽기도 했다. 생긴새야 목소리는 영락없는 남자들이었는데 그 입들에서 나오는 말투는 에스트로젠 범벅이었다. 설탕에 잔뜩 절여진 싸구려 도너츠만큼 끈적하게 묻어나 있었다. 이놈들 중 한 명의 머리통을 느닷없이 후려치면 이 계집애 같은 말씨를 가진 서울 녀석들은 어떻게 반응할까? '어머머, 창주! 너 왜 이러니 증말! 짓궂어!' 황순원의 소나기에 나오는 새침데기 윤 초시네 증손녀처럼 얼굴이 벌게져 홱 돌아서서 삐진 등을 보이려나? 난 남자 동기들의 생소한 서울 말씨를 들으며 괜히 심술이 나서 속으로 이런 상상을 했다. 거참, 서울 문화 참 별나고 해괴하구나, 물론 이 생각도 함께 했다. 그리고 그렇게 뿌리 깊게 박힌 생각은 머지않은 훗날 내 1학년 1학기 생활을 아싸 테크로 이끌게 된다. 이 얘기는 머지않아 곧 하게 될 것이다.

오티 에피소드 중 더 할 얘기가 있을까? 잘 기억이 나지 않는다. 아, 진영두 선배가 기억난다. 뭔가 압착기에 눌린 완두콩 같이 생긴 사람이었다. 센 척을 오지게 하면서 사방 안 가리고 침을 찍찍 뱉고 껌 짝짝 씹으며 엄청 까불고 으스대는데, 막상 늦은 저녁 시간이 되니 자기 어머니와 아버지에게 번갈아가며 존댓말로 사근사근하게 전화를 거는 게 참 자기 정체성을 모르는 모순된 좆밥같다고 느껴졌다.

이 정도 모순과 이중성이라면 내 기준 사형감이었다. 패주고 싶었다. 그렇게 내 인생 처음의 오티는 마무리되었다. 그 에피소드에서 마지막으로 기억나는 건, 일권이가 난생처음 지하철을 타보는 나와 함께 내 목적지까지 함께 가주었다는 것이다. 내 기억으로 아마 영등포역까지였을 것이다. 그 당시에 내 집은 아직까지 익산에 있었으니까. 일권이는 나와 헤어질 때까지 그 90년대 빵 봉투에 그려진 제빵사 같은 넉넉한 미소를 잃지 않았다. 어찌나 관상이 제빵사스러운지 저렇게 웃고 있는 양쪽 광대뼈에서 베이커리 요정이라도 세 들어 살고 있을 것만 같았다. 그리고 그 베이커리 요정들은 마법을 부려 일권이의 얼굴 위로 빵 반죽이 몽글몽글 돋아나게 만들어 바닥으로 흘러넘치게 할 것만 같았다. 더하여 저놈은 참 애가 됐네,라는 같지도 않은 대기업 인사담당자스러운 생각을 했던 것 같다(그 당시에 난 웬만한 남은 다 내 아래로 깔보는, 말도 안 되는 근자감이 있었기에 그런 오만한 생각을 하는 건 내게 너무 당연했다).

**일권이가 아니었음 나는 한참 동안
진땀을 흘리며 서울 지하철 안을 헤맸겠지.**

아무튼 마음 맞는 친구도 만들었겠다 (그 마음 맞는 친구가 가진 충격의 뜨거운 쇠뭉치인 고데기질은 아직까지도 뇌리에 깊게 박혀 있었지만), 이 정도면 내가 꿈꾸던 대학 생활이 아주 좋은 스타트가 된 셈이라고 생각했다. 그리고 한 달 뒤쯤인가, 난 영원 학사라는, 내가 아주 어릴 때 살았던 주공 아파트같이 생긴 기숙사로 짐을 풀었다.

 와, 그땐 정말 기분이 째졌던 것 같다. 내 생에 처음으로 해보는 독립!
 미술 한다고 갖은 폼 깨나 잡다가 고3이 되어서 별안간 때려치우겠다고 폭탄선언을 했다. 그리고 여름방학 끄트머리 무렵에야 정신을 차렸다. 그렇게 난생처음 제대로 해보는 공부 끝에 알량한 지잡대 차석 따위로 입학한 아들놈이 뭐가 자랑스럽다고, 수중엔 아빠가 사준 그 당시에 제일 비싼 노트북까지 있었다. 그 누구의 어쭙잖은 간섭 없이 술 담배 맘껏 하고, 게임 폐인질을 하고, 내가 동경하던 논스톱스러운 대학 생활을 할 준비가 백 퍼센트 된 셈이나 마찬가지였다. 하지만 영원 학사로 발걸음을 옮기면서 뭔가 한 가지 은근히 걱정되는 점이 있었다. 바로 룸메이트였다.

 들은 바에 의하면 보통 룸메이트는 나보다 엄청 형이 될 수도 있다는데, 만약 그렇게 된다면 내 대학생활이 꼬이는 셈이었다. 그 당시 내 속엔 역병을 몰고 다니는 중세 시대 검은 쥐떼보다 더 들끓는 음습한 성욕으로 가득했고, 무엇보다 내 기숙사 방 벽에 금이 쩍쩍 갈라지고 와르르 무너질 때까지 하루도 안 거르고 섹스를 엄청나게 하고 싶었기 때문이다. 아 새끼, 거 참 더럽게 섹스 섹스 떡 떡거렸쌓네. 라고 말해도 별 수 없다. 그 당시 나에게 있어 섹스란 이제 갓 성인이 된 남자가 세상을 향해 가장 크게 부르짖을 수 있는 자유와 저항 의식의 플래티넘 심벌이었다. 좌우지간 어려운 형이 내 룸메이트로 들어온다면 이런 계획을 실현하기엔 많은 무리가 있을 터였다. 이렇게 피 끓는 청춘인데 색즉시공 영화에 나오는 임창정처럼 찌질하게 방구석에서 딸딸이나 치면서 정액으로 계란 후라이나 부치는 그런 그림은 원하지 않았다.

 아니나 다를까, 내 우려를 고스란히 옮겨 놓은 듯한, 항아리 독에 몇 년 묻혀 있던 오래된 김치 같은 내공을 풍기는 형이 방 안에 있었다. 내 첫 룸메이트 형을 그렇게 만나게 되었고, 정말 오래 지나지 않아 나는 그 형이 이 세상에서 가장 천사의 현존에 가까운 사람이라는 것을 절실히 깨닫게 된다. 그 형의 이름은 홍봉현이다. 나는 내 관심 밖에 있는 사람은 웬만하면 이름조차도 안 외운다.

 몇 번이나 언급했듯이 기억력도 무척이나 좋지 않다. 그런데 내가 이 형의 이름을 아직까지도 정확히 기억하는 걸 보면, 그 당시에도 난 그 형을 꽤 좋아했던 것 같다. 뭔가 컴퓨터 수리 같은 걸 줄줄이 꿰고 있을 것 같은, 공대생 느낌이 나는 형이었다. 그리고 딸기 씨보다 더 촘촘하게 굵은 수염이 항상 턱에 박혀 있었다. 약간 술에 얼큰하게 달뜬 듯한 붉은 혈색의 얼굴도 기억난다. 눈썹도 무척이나 짙었다. 홍봉현 형과 서로 반가운 인사를 하고, 책상 위에 내 최신형 노트북을 세팅하고 나서 제일 먼저 한 일은, 노래를 틀었던 것이다. 확실히 기억난다. 그때 당시 최신곡이었던 테이의 '같은 베개'라는 곡이었다.

그렇게 내 새로운 대학 생활이 시작되었다.

욕정
사탄의 신이 나와 함께 하리라 굳게 믿고 있었다.

2019　　　　　　　　　　현재

5. 낯선 사람들을 제멋대로 판단하기도 했지

 대뜸 처음 보는 사람이나 모르는 사람의 별명, 혹은 이름 짓기를 좋아한다. 그건 어렸을 때부터 내가 은밀히 즐겨오던 나만의 놀이들 중 하나다. 난 사람의 얼굴을 보면, 그 사람의 이미지에 맞는 별명이나 이름이 반사적으로 떠오른다. 특징 있는 생김새를 가진 사람일수록 연상하는 속도가 더 빠르다. 내가 매일 아침마다 다니는 헬스장에도 별명을 붙여 놓은 사람들이 수두룩하다.

 몇 가지 생각나는 사람들만 예시를 들어 보이겠다. 머리가 휜하게 벗어진 목이 굵은 몸짱 할아버지의 별명은 '왕기'라고 지었다. 왠지 모르게 남몽골 지역에서 힘깨나 쓰던 토인 같은 느낌이 들기 때문이다. 우리 아빠 또래 정도로 나이가 든, 왕기 아저씨보다 머리숱이 훨씬 많은 아저씨가 있는데 그 아저씨의 별명은 '엄안'이다. 옛날에 삼국지 만화를 본 적이 있는데 (난 아직도 책으로 엮은 삼국지연의는 제대로 정독한 적이 없다.

 내용이 재미있다는 건 알겠는데, 정독을 시도할 때마다 한자가 너무 많이 나와서 계속 하품이 나왔기 때문이다), 거기에 나왔던 장수 이름이다. 엄안은 유장의 부하였고, 촉나라의 귀 크기로 유명 난 황제 유비가 강주라는 곳을 공략할 때 포로가 되었다. 그때 장비가 투항을 요했지만, 엄안은 자신의 충절을 지키기 위해 거부했다고 한다. 아무튼 전형적인 엑스트라 1 같은, 밑밥 깔아주기용 사이드 스토리를 가진 인물인데, 내가 봤던 삼국지 만화상에서는 염소 같은 얼굴에 무척이나 부피가 큰 말 근육을 가진 외모였다. 그리고 장비가 그를 향해 도발용 멘트로 '늙다리 엄안'이라고 놀려댔던 것도 기억난다. 뭔 소린고 하니 우리 헬스장 아저씨도 늙다리 엄안처럼 염소 같은 얼굴에 말 근육을 가지고 있다는 것이다.

 엄안 아저씨는 늘 비슷한 시간에 자기 아들과 같이 헬스장에 출근을 하는데, 그 아들이라는 사람이 엄안 아저씨에게 아빠라고 부른 걸 듣지 않았다면 두 사람이 절대로 부자지간이라는 생각을 하지는 못했을 것이다. 왜냐하면 엄안 아저씨의 아들은 탄탄한 몸매를 가진 엄안 아저씨와는 달리 무척이나 유약하고 뚱뚱한 몸을 가졌기 때문이다. 난 그 아들이 별명을 '한솔 소프트'라고 지었다. 왠지 모르게 팬티 바람으로 책상 앞에 앉아서 간디가 물레방아 돌리듯 코딩 같은 것을 술술 잘 짜게 생겼기 때문이다.

내가 가장 별명을 잘 지었다고 생각하는 사람은 능남이 아저씨다. 그 아저씨는 그야말로 능남이 같이 생겼다. 네모나고 얇은 뿔테 안경에, 국방색 군모, 그리고 고릴라처럼 우람한 전완근이 그야말로 능남이 같다.

 능남이가 무슨 뜻이 있는 건 아니지만 그래도 그 아저씨를 능남이라고밖에 설명할 길이 없다. 그냥 능남이 같이 생겼다. 능남 아저씨가 가장 좋아하는 운동은 스쿼트다. 그 무거운 쇳덩이를 들고 앉았다 일어났다를 반복하면서 '읍, 읍' 기합을 주는데, 그걸 지켜보고 있으면 그 아저씨는 꼭 운동을 하는 게 아니라 농사를 짓고 있는 듯한 기이한 파이팅이 느껴진다.

 아무튼 난 이렇게 내 마음속에서 다른 사람의 별명을 짓는 걸 좋아한다. 외모와 딱 맞아떨어지게 별명이 지어지면 정말 즐겁다. 상대방은 죽었다 깨나도 모를 일이겠지만, 난 항상 내 마음속에서 그들을 이리저리 갖고 논다. 온갖 기구한 사연과 스토리를 붙이면서…….

 어쨌든 별명 짓기 얘기는 여기까지 하고, 오늘은 금요일이라서 운동 대신 목욕탕을 갔다 왔다. 목욕탕은 사실 탕에 몸을 담그는 것보다, 때를 시원하게 미는 것에 초점이 맞춰져 있는 금요일 아침 행사다. 하지만 굳이 얻고 싶지 않은 참 교훈을 느끼고 가야 하는데, 결국에 때를 시원하게 밀려면 탕에 몸을 오랫동안 담그고 있어야 한다는 것이다.

 탕에 몸담고 있기는 좀처럼 쉬운 일이 아니다. 난 엉덩이가 가벼운 편이 아닌데도 탕 안에 몸을 담그면 옴짝달싹 못해 안달이 난다. 분명 못 견디게 뜨거운 온도는 아닌데도 불구하고 그렇다고 그냥 앉아있기에는 뭔가 내 몸이 힘겨운 듯한 온도다. 한마디로 애매 쩍은 온도다. 그래도 나름 몇 년 동안 운동으로 단련한 몸인데, 생김새에 맞지 않게 탕 안에서 출랑맞게 꼼지락대는 나와는 달리, 이 시간쯤 이쪽으로 출근하는 프로 목욕러들인 동네 할아버지들은 무척이나 반전적인 내공을 보여줘서 나를 깜짝 놀래키곤 한다.

 엉덩이 살이 마치 오래되어 낡은 글러브처럼 홀쭉한 그들. 움푹 패인 엉덩이 골 부분이 마치 썩은 사과처럼 변색된 방아깨비 같은 몸을 가진 할아버지들은 고관절에 총 맞은 좀비처럼 비틀비틀 탕 안으로 간신히 걸어온다. 하지만 탕 안으로 들어가면 언제 그랬냐는 듯이 완전히 다른 사람이 되어버린다. '허읍!' 하는 기합 소리와 함께 당찬 몸짓으로 몸을 담그고, 30분, 길면 한 시간 동안 꿈쩍도 않고 제자리를 의젓하게 지키고 있다. 그럴 때면 뭔가 자존심이 상하는 듯한 느낌이 든다. '뽀롱' 오늘은 그런 나를 조롱이라도 하듯 어떤 할아버지가 물 안에서 방귀를 뀌었다. 알만한 사람들은 알겠지만, 물방울로 올라와 톡 하고 터지는 물방귀 냄새가 공기 중의 마른 방귀보다 더 하드코어한 냄새를 자랑한다. 에이씨, 속으로 침을 퉤퉤 뱉고는 바로 탕 밖을 나왔다. 역시나 때는 잘 밀리지 않았다. 탕 안에 몸을 충분히 담그지 못했기 때문이다.

오늘은 딱히 회사 에피소드에 대해 할 말이 없다. 할 말이 없다는 것은 무난했다는 것이라고 봐도 좋을 것이다. 여기 생활이 이제 퍽 어색하지는 않은 단계쯤 온 것 같다. 그리고 게다가 오늘은 금요일이다. 뭐 어떻게 되거나 일단 기분은 좋게 마무리 지을 수 있는 날이다. 업무가 끝나기 두 시간 전부터, 옆자리 곽명우 인턴과 수다를 떨었다.

곽명우 인턴은 꼭 2000년대 초반에 유행하던 아카펠라 그룹의 실력파 리드 싱어같이 생겼다. 아니나 다를까 음악을 무척이나 좋아한다고 한다. 곽명우 인턴은 이번 주에 소개받은 여자를 만난다고 한다. 나는 딱히 같은 동성인 남자의 개인적인 일을 응원하거나 잘 됐으면 좋겠다고 진심으로 응원하는 타입은 아니다. 그런데 이 곽명우 인턴의 소개팅은 잘 되길 빌어주겠다. 이 사람과 대화를 나누다 보면, 참 소통을 사랑하는구나라는 마음이 느껴진다.
 서로 마음이 맞는 화젯거리를 얘기할 때 무척이나 순수한 표정을 짓는 게 매력있다고 생각했다. 뭐가 됐든 간에 꾸미지 않는 모습을 오랜 시간 동안 때 묻히지 않고 잘 간직해온 사람은 그에게서만 느낄 수 있는 오래 묵은 매력이 자연히 보이게 마련이다. 이런 생각을 하는 걸 보니 나도 확실히 나이를 먹은 게 분명하다. 예전만 해도 나는 남 칭찬에 무척이나 인색했다.

 타인의 장점에 대해서 잘 공감하지도 않았고, 그냥 무조건 내가 짱이야라는 생각으로만 살았다.

 그런 의미에서 이젠 그 '미스터 나 잘난' 스무 살 정창주의 이야기로 되돌아가볼 시간이다.

언젠가 한번 능남이 아저씨의 운동을 도와준 적이 있는데,

그야말로 돌덩어리 같은 근육이었다.

경청하기. 참된 소통의 기본이죠!

 기숙사에 짐을 다 풀고, 새로운 룸메이트와 인사를 하고 나니, 헤드위그만 없을 뿐이지 난 그야말로 호그와트에 온 해리 포터가 된 기분이었다. 게다가 기숙사 안은 온통 왁자지껄한 소리로 시끄러웠다. 좋았다. 이제 여기에서 온갖 음탕한 섹스 판타지, 술 냄새, 그리고 담배 연기가 퍼질 것이다. 퇴폐하고 음한 기운이 흑사병처럼 창궐해서 이 기숙사를 다 뒤엎어 버렸음 하는 생각이 들었다. 지금은 담배를 끊은지 햇수로 4년 정도 되었지만, 그때 당시 난 엄청난 골초였다. 많이 필 때는 하루에 서 너 갑 정도 태우는 건 일도 아니었다. 담배를 시작하게 된 계기는 너무도 뻔할 것이다. 순전히 가오 때문이었다.

 중학교 3학년 때였나 고등학교 1학년 때였나, 그래도 명색이 미술학도(난 고등학교 3학년 1학기 때까지 입시미술을 했었다)인데 담배 하나도 못 태우면 꼴이 말이 아닐 것 같다는 생각이 들었다. 말하자면 틀에 벗어난 괴짜 아티스트 같은 모습이고 싶었는데, 지금 와서 생각해보니 그런 생각이야말로 틀에 박힌 고정관념이 아니었나 싶다. 그 당시 익산에서 고등학생이 담배를 사는 건, 그 당시 말로 소위 말해 '뚫는 건' 그렇게 어려운 일이 아니었다. 알게 모르게 우리 같은 애송이들에게도 다 팔아주는 비밀 장소가 암암리에 공유되고 있었기 때문이다.

난 항상 눈을 게슴츠레 뜨고 머리가 하얗게 센 구멍가게 할머니에게서 담배를 구입하곤 했다. 그리고 어깨에 가방 대신 화통 하나 딸랑 둘러매고 길거리에서 담배를 피우고 다녔다. 참 지금 생각해보면 그 당시 일진 녀석들에게 두들겨 맞지 않은 게 용하다. 아무튼, 멋으로 피우다가 맛으로 피우게 된 담배는 그날 특히 맛이 아주 좋았다.

우리 과 학생 중 나 말고 기숙사에 사는 또 다른 녀석이 있었다. 내가 생각했던 우리 과에서 제일 존재감이 없는 녀석, 키다리 망령. 황윤빈이었다. 난 그 녀석이 뭔가 말을 할 때 입 대신 똥구멍이나 뒤통수에 달린 달팽이 더듬이 같은 걸로 음파 같은 걸 쏴서 미지의 존재와 교신하는 게 아닌가라는 생각이 들기까지 했다. 그만큼 녀석은 말이 없었다.

정말 의아했다. 아니, 저렇게 꿀 먹은 벙어리처럼 말 한마디도 없는데 어떻게 여자 동기들은 쟤를 그렇게 잘 안다는 듯이 아는 척을 할까? 그리고 녀석에게 간 쓸개라도 다 줄 것처럼 곁에서 방뎅이를 꽁실꽁실대는 것일까? WWE 레슬러로 빙의해 등허리에 체어샷이라도 냅다 꽂아버리고 싶게 말이다. 그래서 뭔가 더 재수가 없었다. 뭔가 애가 음흉스럽다랄까. 별말도 없이 항상 돌벼락에 맞은 것처럼 퀭한 눈도 뭔가 공감이 안 갔다. 그래도 윤빈이도 같이 기숙사에 산다고 했을 때는 꽤 반가웠던 것 같다. 그렇지만 나는 그 애를 무척이나 존재감이 없는 녀석이라고 생각했기 때문에, 기숙사 안에서 서로 어떻게 인사했는지는 기억나지 않는다. 난 그냥 빨리 개강을 해서 모택경과 함께 싸돌아다니고 싶었다. 솔직히 택경이 빼고 나머지 남자애들은 다 찌질이라고 생각했던 것 같다.

 개강 첫날도 역시 난 옷차림에 무척이나 신경을 썼을 것이다. 단면적인 부분들만 기억날 뿐이지만, 최대한 기억나는 개강 첫날의 에피소드들에 대해서 말해보겠다.

 우선 개강 첫날 바로 내 여자를, 그러니까, 속된 말로 '깔치'를 만들려는 당돌하고도 원대한 계획을 세웠다. 계획 수행 방법은 무척이나 심플했다. 교양 수업에 들어간다. 그 수업에서 단연 군계일학으로 돋보이는 원탑을 찾아낸다. 그리고 그 여자애에게 내 번호가 적힌 쪽지를 건넨다. 그런 식으로 오늘 하루 안에 열 명의 내 여자를 만든다. 그리고 이번 학기가 끝날 무렵에 백 명이 넘는 내 팬클럽을 만든다. 그렇게 해서 내 기숙사를 휴 헤프너 회장 뺨치는 플레이보이 타운으로 만든다.

더 물어볼 것도 없이 여기서 끝. 간단명료한 플랜이다. 무슨 놈의 근거 없는 자신감이었는지는 모르겠지만, 아무쪼록 이 방법이라면 대학 입성 기념 떡을 영원 학사에서 시원하게 쳐볼 수 있으리라 확신했다. 아마 이런 내 계획을 동기 남자애들에게 당당하게 선전포고했을 것이다.

남일이 형, 찬수 형을 포함한 재수생 형들은 '오~' 하는 인디언 부족 단합회 같은 추임새를 넣었고, 모택경은 '네가 한 건 하면 나도 바로 한 건 할래'라고 말했고, 일권이는 그냥 항상 그랬듯이 빵 봉투 제빵사 같은 미소만 짓고 있었고, 윤빈이는 역시 퀭한 눈으로 뒤통수인지 똥구멍인지에 달렸을 더듬이로 음파를 쏘고 있었다. 그리고 결국에 교양 수업 시간 오리엔테이션이 거의 끝나갈 무렵 어떤 여자애한테 육백원짜리 레쓰비 캔커피와 함께 쪽지를 건넸던 기억이 난다. 쪽지의 내용은 대강 이랬다.

〈단도직입적으로 마음에 듭니다. 010 XXXX에 XXXX.〉
결과는 참담했다. 그 여자애는 나의 음흉한 계획을 애저녁에 간파하기라도 한 듯 픽 하는 코웃음을 터뜨리더니, 내가 준 캔커피와 쪽지가 마치 부정한 돈이 담긴 촌지라도 되는 양 한 쪽 구석으로 스윽 밀어내고는, 새초롬한 몸짓으로 파

일과 전공 책을 챙겨 자리를 떴다. 쪽팔렸다. 애들 앞에서 뭔가 노련한 룸바 댄서같이 능숙한 엽색꾼의 모습을 보여주고 싶었는데, 꼴이 이렇게 되니 모양새가 엉망이었다. 그래서 난 괜히 덤덤하고 쿨한 척을 하며, "시팔, 어차피 걔, 쥐뿔 이쁘지도 않았어."라는 말을 앵무새처럼 되뇌었다.

 하지만 솔직히 말해, 기분이 말도 못 하게 엉망이었다. 좀 슬프기도 했다. 나름 대학교에 와서 처음으로 용기 낸 행동이었는데, 이렇게 단칼에 거절당해버렸으니 말이다. 여하튼 멋쩍고 씁쓸한 웃음만큼은 아니 되었다. 그건 병신 같으니까. 차라리 모처럼 페널티킥을 실축 한, 좀처럼 실수하지 않는 국민 스트라이커라도 된 것처럼 납득할 수 없다는 듯이 인상을 박박 쓰며 자조 섞인 욕지거리를 내뱉는 편이 나을 것이다. 그게 그나마 좀 더 남자다운 행신이라 생각했다.
 어쩌랴. 그 당시엔 거기까지밖에 생각이 미치지 못했으니. 그렇게 오전 수업이 끝나고, 우리 남자 동기들 아홉 명이 다 모여서 학교에서 처음으로 점심 식사를 먹기로 했다. 사실 지금에서야 생각해보면 정말 별것도 아니지만, 학교에서 처음 먹어보는 식사였기 때문에 어느 식당을 갈 것인가를 정하는 건 굉장히 심각하고도 중요한 이슈거리였다. 우리가 갈 식당을 자신 있게 추천한 사람은 찬수 형이었다. 찬수 형은 그때도 오티에 왔을 때와 똑같이 그 모자에 그 옷을 입고 있었다. 아니, 정말 저 양반은 모자가 레고처럼 윗통수에 떡 하고 붙어 버리기라도 한 건가? 찬수 형을 보며 그런 생각을 했다.

아무튼 찬수 형이 하는 말로는, 모 선배가 '종달새'라는 제육덮밥집이 가장 맛있다고, 거길 꼭 가보라고 추천을 하더라는 것이다. 나보다 한 살이나 많은 찬수 형이 시잘 데 없이 뻥구라를 칠리는 없고, 더욱이 우리 학과 선배가 추천해 준 음식점이기에 의심할 여지는 없었다. 우리 동기 남자들은 모두 다 그 종달새를 향해 발걸음을 옮겼다. 종달새는 지하에 있었던 것으로 기억한다.

그 안을 딱 들어설 때 느낌이 좋았다. 우리와 같은 다른 학과 학생들이 저마다 재잘재잘 떠들면서 밥을 먹어대는 모습이 무척이나 정겨워 보였다. 그냥 이곳에서 보는 모든 것들이 새로워 보이고, 자유로워 보였다. 하지만 문제는, 음식 맛 또한 무척이나 자유분방했다는 것이다.

맛이 없었다. 그냥 없는 것도 아니고 오라지게 없었다. 생에 살다 살다 그런 맛없는 음식은 처음 먹어봤다. 여러 가지 의미로 충격이었다. 그리고 분명히 난 제육덮밥을 시켰는데, 옆자리 모택경이 시킨 오징어덮밥과 맛이 하나도 다르지 않았다. 이건 메뉴 이름만 다르지 맛이 죄다 똑같아 버린 데다, 그마저도 맛대가리가 더럽게 없었던 것이다. 난 속으로 '종달새 얼어 뒤졌네'라고 생각했다. 찬수 형은 종달새를 나온 뒤로 말수가 급격하게 줄어들었다. 우린 다들 친해진지 얼마 되지 않은 터라, 그 형편없는 음식점을 추천한 찬수 형을 나무라지는 않았지만, 아마도 다들 마음속으로는 그 종달새를 다시는 가지 않겠다고 다짐했을 것이라고 확신한다.

 그런 우리들의 다짐을 반증이라도 하듯 종달새는 한 학기가 채 못되어 가마솥에 들어간 생닭처럼 깃털 한 자락 자취도 없이 역사의 뒤안길로 사라지고 만다. 모택경과 계속 이런저런 각자의 과거 얘기를 하다 보니, 이제 이 녀석이 왜 나에게 대뜸 친근감을 느꼈는지 알게 되었다. 내가 그 녀석의 고등학교 시절 친구와 무척이나 닮았다는 것이다. 그것도 그냥 친구가 아니었다. 모택경의 말로는, 자기 동네인 분당에서 알아주는 싸움꾼이었다고 한다.
 이름이 형태라고 했던가, 아무튼 모택경은 나를 처음 봤을 때 형태가 온 줄 알고 착각할 뻔했다고 했다. 그리고서 모택경은 그 형태란 아이가 이룩한 무림쟁패 뺨치는 신화에 대해서 일장연설을 내뱉었다. 가히 김일성이 솔방울로 수류탄을 만들었다는 인민 신화에 버금가는 대활약들이었다. 그 얘기를 듣고 난 왠지 모르게 어깨를 으쓱이며 나 자신을 자랑스러워했다.

 그리고 형태가 앞으로도 더 그 지역구의 평화를 오랫동안 담당하길 바랐다. 하지만 그런 나의 응원은 순식간에 사그라

들었다. 모택경이 제 핸드폰으로 보여준 형태의 얼굴이 무척이나 못생겼기 때문이다.

그 사진을 본 나는 당장이라도 모택경의 얼굴에 형태 맛을 보여주고 싶었지만, 그냥 속으로 씩씩거리면서 참았다.

 분명히 오티 때는 보이지 않았는데, 새로 보이는 얼굴이 있었다. 전공 수업 시간에 홀로 외따로 앉아 있는 그 녀석은, 왠지 설사약을 잔뜩 먹은 생쥐처럼 안절부절을 못하고 눈알을 데록데록 굴리며 불안한 표정을 짓고 있었다. 그도 그럴 만했던 것이, 이미 대부분의 동기들은 다 같이 함께 오티를 다녀와서 서로의 인적 사항을 파악하고 하루를 같이 보냈던 지라, 벌써부터 저들만의 아우라가 만들어지고 있었던 것이다. 오티를 건너뛰고 오늘 처음 얼굴을 비춘 이 녀석은 이제 그 어디에도 속하지 못하게 된 것이다. 딱히 불쌍하다는 생각 따위 하지 않았다. 병신, 인생이 원래 그런 거야 임마. 그냥 그런 류의 치졸한 생각들을 하며, 그래도 난 저놈 꼴 같지 않아서 참 다행이라고 위안했던 것 같다. 하지만 그 생각은 훗날, 나의 엄청난 착각이라는 것을 깨닫게 된다. 그때로부터 멀지 않은 훗날, S 대학교 러시아 어문학과를 주무르는 거물이 되는 그 녀석의 이름은 여철우다. 그리고 이 여철우 때문에 난, 1학년 1학기 통째를 아싸로 지내게 된다.

내 인생 난공불락의 적
여철우는 그렇게 등장했다.

수상한 자가 우리 곁에 다가오고 있었다.

6. 그리고 못된 세상은 점점 나다움을 잃게 만들려 해

외모는 중요하다.

나는 이런 사실을 매주 찾아오는 주말을 보내면서 느낀다. 주말 거리는 어딜 가나 사람들로 북적인다. 특히나 내가 매주 거르지 않고 가는 백화점 같은 곳엔 더욱더 많다. 그 속에는 정말 다양한 얼굴과 표정, 옷, 장신구, 그리고 각자의 파트너 (가족, 애인, 혹은 불륜 상대) 들이 있다. 혼자 돌아다니는 것을 좋아하다 보니, 빠른 물살처럼 흘러가는 인파 속에서도 사람들의 모습 하나하나를 놓치지 않고 포착하여 관찰하는 버릇이 생겼다. 이 과정에서 난 나름대로 신기한 사실을 발견했다.

얼핏 보면 사람들이 다 다른 모습인듯하면서도, 자세히 보면 또 그게 아니라는 것이다. 대부분이 다 똑같다. 입고 다니는 옷, 헤어스타일, 향수 냄새, 심지어 애인의 생김새나 갓난 아기들의 모습까지 매우 비슷하다. 그런 모습을 보면, 난 사람들이 너무 자기 자신을 모르고 살아가는 것은 아닐까 하는 생각을 해본다. 그저 인터넷이나 미디어에서 핫하고 유행한다는 흐름에 편승하여 자신의 모습을 틀에 맞추는 듯한 느낌이 든다. 그래서 진짜 자기 모습이 없다.

 2010년에 비대칭 컷이 유행하면 비대칭 컷을 하는 김 군이 되어야 하고, 2017년도 겨울에 롱패딩이 유행하면 롱패딩을 입는 김 군이 되어야 하고, 2018년 봄에 맥코트가 유행하면, 맥코트를 입는 김 군이 되어야 한다. 아무 생각 없이 유행만 따라 사는 김 군은 일 년 365일 내내 바쁠 것이다. 유행이 지날 때마다 자신의 모습을 바꿔야 하기 때문이다. 비단 외모의 문제뿐만이 아니다.

 정서나 마음 씀씀이까지 유행을 따라간다. 어떤 드라마에서 머리를 쇠망치로 서너 대 맞은 것같이 엉뚱한 말만 골라 하는 사차원 캐릭터가 유행하면, 그 해에는 유독 정신을 어디에다 두고 온 것 같은 사람들이 많아진다. 비싼 유모차를 타고 다니는 세쌍둥이가 유행이면, 그 해에는 유독 짐수레같이 커다란 유모차가 비좁은 상가나 길거리를 점령한다. 의식적으로라도 남과 달리 사는 연습을 하는 게 좋지 않을까라고 생각해본다.
 남들 하는 대로 하고 살 거면 뭐 하러 살지?라는 생각도 든다. 괜히 난 하고 싶지 않고 따라 하고 싶지 않은데, 상대방과 주파수를 맞추겠다고 내 모습까지 바꿔버리면 결국에 내가 가지고 있는 고유한 모습 자체가 아예 사라져 버리진 않을까? 이런 잡생각을 혼자 돌아다니면서 많이 하는 편이다.

그런 의미에서 외모는 중요하다. 내가 말하는 것은, 잘생기고 못생기고로 구별되는 차원의 외모가 아니다. 자신이 가진 본연의 모습을 잘 알고, 거기에 맞게 자기 주관이 들어간 차림이나 말씨, 행동을 가지고 있는 것이 중요하다는 거다. 그 어떤 흐름에도 휩쓸리지 않는 오로지 나 자신의 모습 말이다. 이렇게 우릴 유행의 노예로 만드는 것에는 미디어라는 놈도 한몫하는 게 분명하다.

이놈은 사람들을 겁주고 현혹시키는 것에 혈안이 된 것 같다. 결혼 안 하면 인생 루저 되는 거 몰라요? 지금 당장 있는 돈 없는 돈 다 쥐어 짜내서 전세 아파트 들어가고 아이도 한두 세 명 낳으세요! 이 사람 제정신이 아니네? 그 나이에 취직 안 하면 인생 나가리 되는 거 모르고 그러는 거예요? 좆소기업이든 구멍가게든 빨랑 겨들어가서 돈을 벌고 써야 사람 취급을 받아요, 당장 사람인 사이트 들어가서 일자리 알아보셔요! 어어? 이거 완전 병신이네? 지금 시대가 어느 땐데 그런 옷 꼬라지로 돌아다녀요? 당장 백화점 가서 옷 사 입으세요, 그래야 사람 취급이라도 받죠!

내가 태어난 이래로 대한민국 경제가 좋다고, 전례 없는 호황을 누리고 있다고 그 누구 한 명이라도 자신 있게 말한 적이 있던가? 우리나라 꼴은 단 한 번도 비상이 아니었던 적이 없다. 그렇다는 것은 앞으로도 항상 안 좋을 거라는 말이다. 즉, 이렇게 사나 저렇게 사나 안 좋기는 마찬가지일 테니 내 마음대로 살아도 절대 큰일 날 건 없다는 것이다. 난 맨날 좆됐다고 노래 노래 부르는 언론, 미디어, 인터넷, 죄다 꼴 뵈기 싫다.(그래서 인터넷 뉴스나 신문 같은 걸 잘 안 본다) 책상 머리에 앉아서 같잖은 음모나 꾸미는 게 전부인 한 주먹 거리 안경잽이들.

할 수만 있다면 그 쭉정이들 입구멍에 재갈이라도 물려준 뒤 궁둥이 껍질이 벗겨지고 피멍이 터질 때까지 싱가포르식 태형이라도 갈겨 버리고 싶은 심정이다. 사회생활을 하면서 느낀 바, 누군가를 내 입맛대로 움직이기에 가장 좋은 자극제로 작용되는 심리 요소가 바로 불안감이다. '이걸 안 하면 진짜 큰일 나겠는데? 이건 무리해서라도 해야겠어.' 위기감에 대한 대처 및 행동은 반응 속도가 아주 빠르다. 따르지 않는 순간 자기 일신에 위협을 느끼기 때문이다. 사실 대한민국뿐만 아니라 어느 나라 어느 곳에서도 성공한 사람들은 이 위기감을 매우 영리하게 잘 이용한다.

여태까지 이 음악도 안 들었냐? 그럼 넌 찌질이야. 지금이라도 입 닥치고 이 앱을 깔어. 지금 때가 어느 땐데 이 책도 안 봤단 말을 그리 당당하게 해? 너랑은 못 어울려. 인스타 감성 오지는 연남동 핫스팟인 이곳을 아직도 안 가봤다고? 이번 주 토요일 약속 취소야, 꺼져.

 대충 이런 식인 거다. 그래서 내가 제일 혐오하는 사람이 딱 봐도 머리부터 발끝까지 최신 유행으로 무장한, 소위 말해 힙스터들이다. 사실 제 돈과 시간을 들이고 그렇게 하겠다는데, 그걸 고깝게 본다는 것 자체가 주제넘는 행동일 것이다. 내 돈 써서 내가 이렇게 다니겠다는데 뭐? 꼽냐?라고 묻는다면, 사실 할 말 없다. 분명히 맞는 말이니까.

 하지만 나는 그런 사람을 가까이하고 싶지는 않다. 그런 부류는 마치 좀비 같다. 내 목덜미를 물어뜯지는 않지만, 자기가 심취해 있는 최신 유행을 몰몬 교도나 도를 아십니까들처럼 강요하고(말이 나와 문득 든 생각인데, 사이비 교단 삐끼새끼들은 왜 죄다 남녀 가릴 것 없이 체크무늬 남방에 검정 백팩을 메고 다닐까? 일종의 교복 같은 걸까?), 강조해서 끝끝내 전염시키려 한다.
그래서 내가 가진 생각을 탁하게 하고, 내가 가진 세계를 보잘것없게 만들려고 한다.

 서점에 가서 의천도룡기라는 옛날 중국 무협지를 120페이지 정도 읽고 왔다. 옛날 어릴 적에 영화로 재미있게 본 기억이 있어서 선택한 오늘의 독서 책이었다. 책도 역시 무척이나 재미있었다. 중국 무협지 특유의 갖은 기연과 절세 무공을 가진 고수들의 모험담은 지금 봐도 전혀 올드하지 않았다. 오히려 아무런 맥락도 없이 무조건 네가 옳다고 편들어주며 사람들의 감성을 마취시키는 어쭙잖은 내용 일색인 요새의 책들보다 몇 십 배 더 명료하고 시원한 느낌을 주는 듯했다. 내게도 의천도룡기 이야기처럼 온갖 고난과 역경, 그리고 기연으로 혼란한 세계 속에서 두드러지는 가능성을 가진 무언가로 성장해나갔던 이야기 한 구절이 있을까?

묻지 않아도 나는 알고 있다.
그렇다. 의천도룡기만큼은 아니지만, 그래도 한 치 앞도 예상할 수 없던 온갖 기연들로 가득했던, 내 대학 시절로 돌아갈 시간이다.

무협지의 주인공이 매력적인 이유는,
어딜 가나 만인의 주목을 받기 때문.

특별하지 않아도, 우리만의 살아있는 이야기로 가득하길.

과거　2007

적어도 서울 놈은 아닐 것이다.

 난 그 홀로 외딴 섬 같이 허망한 표정으로 앉아 있는 여철우를 보며 이런 생각을 했다. 왜냐하면 외모가 무척이나 추레했기 때문이다. 흰색과 청 푸른색 선이 교차하며 옷감 위를 수놓은 체크무늬 셔츠는 마치 병원 환자복 같았으며, 아무런 특색 없이 무작정 짧게 깎은 투박한 스포츠머리는 매일매일이 축제의 장으로 펼쳐질 대학생활에 대해 단 한 번도 고려해보지 않은 듯 무성의했다.

 무엇보다 그 반무테인지 얇은테인지 모를 안경이 너무나 시대에 뒤떨어지는 듯한 느낌을 주었다. 난 앞서 말한 의천도룡기와 같은 무협지 따위를 중고등학교 때부터 무척이나 많이 읽어온 지라, 그 무협지들을 탐독하면서 사람의 관상에 대한 그릇된 유형 분류이자 편견 하나가 생겼다. 그중에 하나가 바로……. 쥐상, 즉, 쥐의 얼굴을 한 자를 무조건 경계해야 한다는 것이다. 눈꼬리가 양 미간을 꿰뚫을 정도로 쪽 찢어지고 툭 튀어나온 뻐드렁니 때문에 마치 입맛을 다시듯

연신 입을 옴뇽뇽거리는 부류. 그런 쥐상을 가진 부류들은 항상 중요한 사활이 걸린 결정적 순간에서 주인공의 뒤통수를 친다. 그게 아니라면 주인공이 다시는 재기할 수 없을 정도로 반신불수로 만들어 그에게 아주 큰 시련을 안기고 사라진다. 전자든 후자든 간에 치명적인 악질이다.

 여철우는 쥐상을 가진 사람이었다. 그래서 난 대번에 그가 마음에 들지 않았다. 제대로 겪어 보지도 않고 외모로 사람을 판가름하고 경계하는 것은 최악의 죄질이라고 꾸짖어도 모자라지 않을 만큼 고약한 심상에서 비롯된 발상이다. 하지만 그때 그 시절 나는 그랬다. 나는 여러모로 직감을 신봉하는 사람이었다. 특히나 인간에 관해서는 그런 감을 타는 것이 더 심했다. 여철우는 나에게 좋지 않은 감을 안겨주는 사람이었다. 그래서 난 그가 그렇게 어쩔 줄 모르는 표정으로 강의실 구석에 찌그러져 있는 게 오히려 다행이라는 생각이 들었다.

 하지만 나는 내가 산천 유람을 한달음에 바람과 구름처럼 오가는 무협지 속의 절세 고수라도 되는 마냥 애들 앞에서 호방한 척을 하고 싶었던 모양인지, 내 기억으로는 그렇게 홀로 벙찌게 앉아 있는 여철우에게 뭐라 뭐라 말을 걸었던 것 같다. 이윽고 내 동기인 87라인 형들과 88, 빠른 년 생인 89 친구들도 여철우에게 다가와 수업이 시작되기 전까지 이야기를 나누었다. 여철우는 말 한마디 한 마디를 할 때마다 마치 바둑을 두는 듯한 느낌을 주었다. 뭔가 머릿속에서 수 싸움을 한다고나 할까? 생각나는 말이라고 한들 입 밖으로 곧바로 내뱉지는 않는다는 인상을 주었다. 어쩌면 내가 애초부터 그에게 강한 편견을 가지고 있었기 때문에 드는 생각일지도 모른다. 허나 지금 이 시점에서 그 투명 수채화처럼 흐릿한 일을 회상하자면, 당시 내 직감과 편견에 의존한 기억을 끄집어 낼 수밖에 없음을 양해해주길 바란다.

그가 다른 친구들과 이런저런 얘기를 하면서 나를 조금 놀라게 한 것은, 여철우가 서울 사람이었다는 것이다. 그것도 날 때부터 지금까지 단 한 번도 서울 땅을 벗어나지 않고 나고 자란 서울 토박이였다. 난 그때 그야말로 뒤통수를 묵직하게 후려 맞은 듯한 느낌이었다. 그간에 내가 텔레비전에서 봐오던 서울 사람은 도대체 어느 행성에 살던 이들이었을까? 정말 나는 망할 방송국 피디 놈들에게 시말서라도 걸어 와야 하나라는 생각이 들 정도였다. 여자 동기들에 이어서 여철우까지 번번이 내 상상 속 서울 사람의 스테레오 타입을 무참히 깨트렸다.

그럼 도대체 서울 새끼들은 뭐 씩이나 된다고 그렇게 이리저리 까불고 젠체하는 거야? *밥 먹었니? 잘 있었니?* 그놈의 소름 끼치는 니니니 표준어 따위나 써 가면서. 이래서야 내가 사는 익산보다 나을 게 하나도 없잖아?

 당시 그런 생각이 아주 강하게 들었다. 여철우는 타인과 금방 친해지기에 아주 많은 장기를 가지고 있는 사람이었다. 여철우는 우선 말을 맛깔지게 잘했다. 달변이나 능변은 아니었지만 듣는 상대방을 서서히 무장 해제시키고 결국엔 입가에 미소를 띠게 만든다고나 할까? 뭔가 대화라는 것을 하나의 예술로 승화시킬 줄 아는 천부적인 재능이 있었다. 그리고 게임도 잘했다. 내 기억으로 우리 무리에 여철우가 합류하자마자, 바로 점심시간 때 피시방에 가서 당시 남자들 사이에서 폭발적인 유행세를 탔던 서든어택이란 fps 게임을 했던 것 같다.

 개강을 하고 몇 번이나 함께 밥을 먹고 인사도 했지만 아직까지 찬수 형과 생김새가 헷갈리는 남일이 형이 제일 잘했던 걸로 기억하고, 여철우는 그다음이거나 아니면 비슷비슷한 수준이라고 기억하고 있다. 축구 또한 잘했던 것으로 알고 있다.
 알고 있겠지만, 수컷들 세계에서 '볼 좀 찬다'는 것은 언제 어디에 써먹어도 좋은 평가를 받기 좋은 장기 중에 하나다. 그래서 선배들의 마음도 금방 사로잡았던 것으로 기억한다. 축구와 선배 얘기를 하니 지금 막 기억나는 사람이 있다. 우리 바로 위 학번이었던가, 아마 이름이 강주담일 것이다.

남자인 나보다 더 큰 거구에, 자신의 체형을 전혀 고려하지 않은 칠부바지 밑으로 굵은 알타리무 같은 종아리를 드러내놓고 다니는 안경잡이 여선배였다. 지금 와서 생각해보면 조금 아리송하지만 당시엔 강주담 선배가 조금 파워가 있었나?

 하여튼 강주담 선배는 축구를 무척이나 좋아했다. 마치 도를 아십니까를 묻듯이, 우리 동기들 한 명 한 명에게 '프리미어 리그 보냐?'라는 질문을 했었던 것 같다. 아무튼 축구를 잘하고 좋아하는 여철우는 강주담 선배의 마음에 든 모양인지, 어렵지 않게 그 위 학번 선배들과도 커넥션을 만들었고, 이제는 첫날에 보았던 쥐 상의 외톨이는 온데간데없이 우리 학과의 중심축으로 굳건히 자리 잡기 시작했다.

 마치 고치 속에서 고군분투하던 못생긴 애벌레가 화려한 나비로 재탄생하듯이 말이다. 그리고 우리 동기들 모두가 여철우를 우러러볼 수밖에 없게 만드는 묵직한 펀치가 있었으니, 바로 그의 집안 내력이었다. 기억하기로는 아버지가 강남에서 성형외과를 하신 댔나?

 마치 무림 호걸 뒤로 무수한 칭송과 전설이 이어 붙듯이, 여철우의 대학 생활은 막힘없이 앞으로 쾌속 질주하는 듯한 느낌이었다. 아무래도 상관없다며 애써 신경 쓰지 않으려 했지만, 은연중에 점점 위기감을 느꼈다. 왜냐하면 맨 처음 보자마자 내 단짝이라고 생각했던, 택경이가 자꾸 여철우와 친하게 지냈기 때문이다. 지금 와서 생각하면 나도 함께 친해지면 될 것을 뭘 그렇게 다섯 살 갓난 배기같이 소심한 생각을 했나 싶기도 하다. 하지만 그 당시엔 그렇게 간단하게 넘어갈 문제가 아니었다. 왜냐하면 난 여철우를 좋아하지 않았기 때문이다.

적어도 내 직감이 맞다면, 그는 교활하디 교활한 승냥이 같은 인간이었다. 뭔가 사람 봐가면서 대우를 달리하는 놈이라는 생각이 들었기 때문이다. 그것은 아주 미묘하지만 어느 순간 명징하게 내비춰질 때가 있었다. 가령 여러 사람들과 섞여 이야기할 땐 평소처럼 나긋나긋하게 이야기하다가도, 자기보다 조금 밑이라고, 혹은 급이 낮은 부류라고 생각하는 사람들에게는 미묘하게 무시하고 깔보는 듯한 말투로 대했다.

"끼릴 문자(러시아어 알파벳) 외우기가 어렵다고? 음...... 그래도 다행이네. *그것뿐이라고 생각하니.*"
 특히 찬진이 형과 광산이 형을 대할 때가 그랬다. 다른 아이들은 못 느꼈을지도 모르겠지만 난 확실히 알았다. 변변찮은 나의 유일한 날카로운 장점이 바로 관찰력, 특히 사람에 대한 관찰력이었으니까. 무엇보다 내게 사람을 판단하는 데 있어 가장 중요한 기준이 바로 꾸밈없는 일관성, 즉 '그만의 오리지널리티가 있느냐'였다. 그런데 내 기준에 의하면 놈은 아니었다. 그냥 더럽게 박쥐같은 새끼였다.

 내가 앞서 말한 이떵요 선배, 진영두 선배보다 더 이중적이고 가식적인 인물임에 틀림없었다. 내 오감은 이미 오래전부터 저 여철우라는 사람이 보통 범상치 않은 고위험군에 속하는 인물이라고 소리치고 있었다. 하지만 어쩌랴. 밑도 끝도 없이 애들에게 '쟤랑 친하게 지내지 마'라고 찌질대 봤자 내 이미지에 먹칠만 하는 꼴이었다. 게다가 그 당시의 난 여철우에 비해 뭐 하나 잘난 게 없었다. 축구도 못했고(난 공으로 된 거라면 그 어떤 것이든 완벽하게 못하는 타고난 저주를 가지고 있다), 게임도 못했으며 상대방을 배려하는 말솜씨도 가지고 있지 않았기 때문이다.

 내가 가진 거라곤 마치 거의 우기고 강요하는 느낌을 주는 듯한 내 고장 내 땅 익산에서 비롯된 억양이 심한 전라도 말씨, 그리고 과도한 승부심과 허세에서 비롯된 뻔히 보이는 개수작이 얹힌 과장된 과거 이야기, 마지막으로 남의 눈을 심하게 의식하는 듯한 부담스럽게 화려한 패션과 더북 덥수룩한 긴 머리뿐이었다. 게다가 말라깽이기까지 했고. 이건 마치 황건적 1개 소대가 조조 군 자체를 궤멸시키겠다고 마음먹는 것이나 다름없었다.
 그 시절에 난 여철우와 상대조차 못 되었다. 어느 정도였냐면 여철우가 내가 그런 마음을 품는다는 것조차 모를 정도로 아예 쨉도 안 되었다. 분명 논스톱 같을 것만 같던 내 대학 생활은 이제 내 맘대로 풀리는 게 하나도 없었다. 게다가 엎친 데 덮친 격으로, 그들은 계속 그들만의 컨텐츠를 수업 이후 시간을 이용해 만드는 듯했다. 왜냐하면 나를 제외한 다른 아이들 모두 다가 자취 혹은 기숙이 아닌 통학파였기 때문이다.

그리고 더 참담했던 것은, 그나마 함께 기숙사 생활을 하던 윤빈이 역시도 여철우의 혜성 같은 등장과 함께 통학파로 전향을 했다는 것이다. 암수를 가리지 않고 모든 음경을 가진 생명체들이 여철우라는 거물의 매력에 흠뻑 취한 것 같았다.

난 그 사실을 도무지 인정하고 싶지 않았다. 저렇게 쭉 찢어진 눈으로 교활하게 구는 쥐 면상이 뭐가 그렇게 잘났다고 철우 형 철우 오빠 거리면서 밑을 빨고 다니는 걸까? 너무나 분했다.

그렇게 참담한 내 상황에 타오르는 불바다에 기름 붓듯 폭발했던 계기가 있었다. 이제 이 녀석들은 내가 무슨 말을 할 때마다 항상 웃는다는 것이다. 내 말에 누군가가 웃어준다는 것은 좋은 것이다. 하지만 그게 진지한 말이나 중요한 사실을 말할 때도 이어진다면, 그건 꽤 심각한 문제라고 할 수 있다. 녀석들은 내가 진지한 말을 해도 항상 웃었다. 마치 뭔가 아주 재미있는 농담을 들었다는 듯이. 깔깔깔. 호호호. 히

히히. 이유는 굳이 분석해보지 않아도 알 수 있었다. 내 전라도 말씨가 우습다는 것이다. 그도 그럴 것이 난 학과에서 유일한 비 서울, 경기권 학생이었다. 그래서 애들은 내가 무슨 말을 할 때마다 마치 멸종 직전 천연기념물을 보는 것처럼 신비한 눈빛을 하며 바라보았다. 그리고 한물 간 개그맨의 성대모사를 하듯이 '했는디, 어쩠는디'를 반복하며 내 말투를 흉내 냈다. 그리고 자꾸 촌사람에게서 보이는 스테레오타입을 나한테 덧씌우려는 것도 열받았다.

구체적으로 꼽자니 기억이 안 나지만 어쨌든 녀석들은 나를 문명의 혜택을 충분히 받지 못한 산골 무지렁이 취급 해댔다. 뭐 지금 와서 생각해보면 그게 딱히 틀린 말도 아니었을 것이다. 아니, 오히려 그게 너무 맞는 말이라 오히려 마음의 상처가 되고 열이 받았던 게 아닐까. 때론 적나라한 진심이 너무도 예리한 칼날이 되어 가슴 안에 푹 꽂힐 때가 있다. 아마도 내게 있어 그때가 그런 순간이 아니었을까.

 뭐시 얼매나 잘났다고 지랄여, 지랄은.
 50년대 주한미군은 쬬꼬렛이라도 주지만 이 망할 서울 놈들이 하는 짓이라곤 그저 날 한 수 아래로 보고 비웃기만 하는 것이 전부였다. 내 등치만 컸어봐. 옌장, 이 개자석들 면상을 후려갈겨버렸을 판인디. 그런 생각을 매일 밤 잠들기 전마다 했던 것 같다. 너무나 분했다. 마치 낙랑 공주가 자명고를 찢

듯이 내 가슴속에서 북북 칼 그어지는 소리가 났다. 그렇게 안 좋은 일이 겹치고 겹치니, 이제 내 학교생활은 순식간에 지옥으로 변해 버렸다.

2019　　　　　　　　　　　　현재

7. 안타까워. 왜냐면 평범한 것보다 슬픈 건 없거든

 아직은 돌아오는 월요일 출근길이 어색하다.
 그래, 결국 이렇게 평범하게 나이 들어가는 건가. 이런 생각은 나를 굴종하게 만드는 것 같다. 평범하게 살고 싶지 않다. 평범하게 사느니 차라리 죽고 말지라는 주의다. 내가 어차피 너처럼 살고, 또 다른 너처럼 살다 갈 거 같으면 어차피 난 없어도 되지 않아? 어차피 너나 나처럼 살다 갈 사람들은 지금도, 앞으로도 발에 채고도 남을 테니까. 그래, 그냥 내가 뒤질게. 내가 제 명에 못 살고 죽는 한이 있더라도 너랑 똑같은 꼴로는 못 살겠다. 아니, 안 살겠다. 그래, 아무래도 그 편이 낫겠다. 거의 이런 식의 극단적인 생각까지 갖고 있다.

 떵떵거리며 살지는 않더라도 독보적으로 살고 싶다. 나만의 색깔을 유지하면서 사는 것이다. 남의 사고나 가치관에 물들여지고 싶지 않다. 오로지 나이고 싶다. 하지만 모두가 알고 있듯이 우리 사는 세계관 자체가 그렇게 호락호락한 구성으로 짜여있지 않다. 사방 도처 곳곳에 평범함의 늪지대가 깔려 있다. 발을 한 번이라도 엉성하게 디뎠다간 즉시 그 늪 안으로 빠져 들어간다. 그리고 쉽게 헤어 나올 수가 없다.

 평범함이란 건 마치 죽어가는 이의 얼굴 위를 덮는 화장 같다. 안에서부터 서서히 일어나는 부패의 대참사를 남들 눈에만 아닌 척 보이기 위해 점점 더 과장되게 덕지덕지 바르지만, 그것은 이미 오래전 생기를 잃은 자의 위장에 지나지 않을 뿐이다. 결국은 고약한 죽음의 냄새를 풍기며 모든 것이 썩어 문드러진다. 멋진 차, 좋은 집, 매일매일 건배를 부르는 성공적인 삶. 얻지 못했다. 그래. 예쁜 화장은 못 하겠지만, 몸과 마음이 죽어가는 삶은 살지 않겠다. 폼 안 나는 맨 얼굴일지언정 평범함의 한계를 뛰어넘는 초원 위의 무모한 짐승의 삶으로, 가슴 뛰는 삶으로. 매 순간순간이 살아 있는 삶을 살아가겠다.

 감정과 감성이 풍부한 사람이 좋은 것 같다. 예전에는 내가 감성적이라는 게 왠지 모르게 콤플렉스였다. 남자라면 모름지기 호방하고 시원하고, 막힘없어야 한다는 게 사회의 통념이었기 때문이다. 그래서 무조건 세 보이고 싶었고, 무조건 외욕적으로 보이고 싶었고, 무조건 정력가처럼 보이고 싶었다. 그것 역시도 일종의 사회적 화장이었을 것이다.

그래서 좀 같잖게 많이 나대고 다녔다. 나대는 놈치고 뒤태가 깔끔한 놈 별로 없다. 하도 여기저기 겁대가리 없이 비비적대고 다니니 여러 모로 뒷구녕이 드럽고 사서 적을 만드는 피곤한 타입이었다. 하지만 이제는 그렇지 않다. 어느 순간부터 난 꽤 오랫동안 혼자였고, 무겁게 침묵했다. 혼자만의 사색과 길고 외로운 시간은 매우 훌륭한 선생이다.

 그 잘난 선생이 내게 말한다.
 쓸데없이 과시하지 마라.
 네 본연에 맞는 소탈한 삶을 살아라.

 남들에게 말하기 부끄러운 원대한 꿈을 장대하게 이룰 생각이 있다면, 정녕 그 어려운 길을 가겠다고 마음먹었다면, 좆밥같이 징징대지 말지어다. 세상 도처에 깔려 있는 비주얼 쇼크와 허세, 허영, 가족, 친척, 친구, 주변인들이 날리는 무의식의 비수를 온몸으로 받아내라. 익숙함이라는 얄팍한 가면을 뒤집어쓰고 있는 평범함이라는 괴물의 목울대를 잡아 뜯어 버려라. 입도 뻥끗 못하게. 너의 이름을 부르는 것조차 두려워하게. 유일 지존한 병신 인생이라고 손가락질 받아도. 네가 가는 길이 지옥불로 뛰어드는 황천길이라고 겁을 주어도.

 그냥 가라.

존나 섹시한 뒷모습으로 당당하게 가라.
그리 말해 주었다.

호시탐탐 내 자유를 노리는 **평범함**이라는 괴물에게 고한다.
"엿이나 먹어, 난 계속 꿈 꿀 테니까."

과거　　　　　　　　　　　　　　　　2007

　상황이 그렇게 되다 보니, 이제 학교를 다니는 게 완전 지옥불 위를 걸어 다니는 것처럼 고통스러웠다. '군중 속의 고독'이란 말이 있잖은가. 그 무렵의 내가 정확히 그런 고독감을 느꼈던 것 같다. 나는 우리 동기들의 무리에서 왕따도 아니고, 그렇다고 은따도 아니었다.

　굳이 표현하자면 '셀따' 정도 됐던 것 같다. 말풀이를 하자면 그야말로 '셀프 왕따'를 자처하게 된 셈이라고나 할까. 그러고 싶지 않았음에도 불구하고 스스로 왕따를 자처했던 것 같다. 그 이유를 조금 되새겨보자면, 아무래도 대학생활에 대한 내 실망감이 너무 컸기 때문이라고 생각해볼 수 있다. 앞전에 몇 번이나 강조하듯이 말한 바였지만, 난 대학 생활을 무척이나 기대했었다. 빨간약을 먹고 사차원 세계를 종횡무진하는 키아누 리브스가 있는 매트릭스의 세계에서 슬로건으로 삼았던, '무엇을 상상하든 그 이상을 보게 될 것이다' 그 자체를 경험하게 될 것이라고 생각했다.

그 이유인즉슨, 첫째, 나는 정확히 십구 년만에 촌구석을 벗어나게 되었다. 좀 더 넓은 세상에서 많은 것을 보고 들은 친구와 상상도 못한 놀이를 하면서 뭘 해도 풋내 나는 유년 시절과는 달리 폼 나는 성인으로 성장하게 될 거라 믿었다. 둘째, 섹스를 하루도 안 거르고 실컷 할 수 있을 줄 알았다. 그래, 또 이 지랄이라 미안하다. 아무래도 내 해면체에는 다이너마이트라도 들어있는 모양이다. 하지만 그것은 정말 나의 큰 소망이자 염원이었다. 더하여 티끌 하나 없는 순수한 욕망이었다.

 죽는 그 순간까지 불로불사의 비밀을 갈구했던 진시황의 기분이 이러했을까? 베일에 싸인 미지의 영역. 자라오면서 그토록 궁금해했던 어른들의 세계. 그 어른들의 세계에서 정점을 이루는 폭발하는 리비도. 음과 양의 융합. 남과 여의 입에서 터져 나오는 탄성의 하모니. 뺨을 어루만지고 등을 할퀴고 다리를 가지처럼 얽는 오로지 몸의 대화!

 그 당시의 나를 알량맞게 변호하자면 난 그저 호기심이 무척이나 많았을 뿐이다. 한계용량을 가늠할 길이 없이 점점 부피를 늘려 팽창하는 호기심. 그것에 더해 홀딱 발가벗은듯한 솔직함까지 더해졌다. 그리고 난 그렇게도 궁금해하던 어른들의 세계에 직접 가담할 수 있는 스무 살이 되었다. 온 세상이 나에게 모든 걸 다 할 수 있다고 하는데 그러지 않을 이유가 있으랴? 담배도 피우고, 술도 마음껏 마실 수 있고, 밤새우고 집에 들어가도 누가 뭐라 못할 자유의 스무 살이 되었는데 그깟 섹스인들 왜 내 맘대로 못 하겠느냐는 생각이 너무나 당연하게 들었던 것 같다. 그런데 그걸 못하고 있었다.

그 와중에 내 불알은 내게 계속 아우성을 쳐댔다.

엠병할, 이거 완전 덜떨어진 주인을 만났구만!
녀석은 시시 때때 가리지 않고 잔뜩 신경질을 냈고 기어이 아침마다 내 팬티를 축축하게 만들었다. 이런 격한 시위가 일어날 때마다 남쪽의 깃발은 백색으로 물들여졌다. 이러다가 정말로 색즉시공에 나오는 임창정같이 골방에 처박혀 띨빵한 마스터베이션이나 하다가 인생 종 치겠구나.
이런 생각이 드니 참으로 암담했다. 대학은 내 바램과는 달리 끝을 알 수 없는 거대한 실체를 숨기고 있는 신비한 빙산의 일각 같은 게 아니었다. 중 고등학교 때 이미 숱하게 겪어왔던, 시시하고 병신 같은 나날들의 연장선일 뿐이었다. 대학 가면 뭐든지 할 수 있다며? 맘껏 내 꼴리는 대로 살아 보라며? 씨발. 그거 아니었다. 난 엠병할 어른들한테 또 속아버린 것이다. 그렇게 마음이 떠나버리니 동기들과 함께 있어도 있는 것 같지 않았고, 그저 빨리 수업이나 끝나서 기숙사로 들어가고 싶다는 생각밖에 들지 않았다. 기대가 크면 실망도 큰 법. 모든 게 덧없었다. 일종의 허무주의에 빠져 버린 것이다.

 나는 모든 수업이 끝나면, 벤자민 플랭클린보다 더 정확한 시간과 타이밍을 맞춰 도시락집에서 가장 싸게 파는 당시 2,500원짜리 치킨 마요 도시락을 사고 편의점에서는 맥주 한 캔을 산 다음 기숙사로 발걸음을 옮겼다. 그게 매일같이 즐기던 나만의 저녁거리였다. 적어도 담배와 술은 마음껏 즐길 수 있다는 게 다행이었다.(그래도 이점에서만큼은 어른들이 날 아주 속여 먹은 것은 아닐 테다) 그것마저도 할 수 없었다면 정말 괴로운 나날이었을 것이다.

 혼자 있는 시간을 자처하게 된 그 이후로, BJ가 진행하는 인터넷 방송과 불법 다운로드를 이용한 수 백 편의 영화들은 나의 가장 친한 친구가 되어 주었다. 혼자서 그렇게 해가 지고 파르스름한 새벽이 올 때까지 작은 노트북을 끼고 있는 게 차라리 편했다. 내가 공포 영화, 그리고 고어 영화 마니아가 된 것도 아마 그 무렵을 통해서였을 것이다. 점점 말수가 줄어들고 이렇다 할 일상이 자극제가 없으니, 인위적으로라도 화들짝 놀라면서 살아있다는 것을 느끼고 싶었던 마음에서 비롯된 행동이었다 하지만 그 돼지 통통 같은 마음의 구린내를 풍기던 시절에도 나를 향해 내밀어 주는 손길은 항상 있었다. 나에게 손을 내밀어 준 사람들은 정말 의외의 인물들이었다.

바로 내가 말했던, 이토 준지 만화에서나 나올법한 저주 인형을 만드는 약골같이 생긴 찬진이 형과, 고요한 광기를 눈동자 안에 봉인하고 있는 듯한 광산이 형이 그 주인공이었다. 동병상련.이라는 표현이 더 정확할지도 모르겠다. 그들 역시도 결국엔 과에서 겉도는 주변인이었을 게다. 하지만 뒤늦게서야 생각해보는 그들에 대한 세간의 평가는 아무래도 좋다. 그 시절의 난, 두 사람이 내미는 손길에 감사함을 느꼈고 따스함을 느꼈다.

형이라고 해봐야 고작 한 살 차이밖에 안 되는데도 불구하고, 그 두 형들은 내가 홀로 있는 기숙사에 자주 찾아와 짜장면도 사주고, 맛있는 것도 챙겨주면서 이런저런 이야기도 많이 해 준 것 같다. 왜 그랬을까? 어떤 마음에서 비롯된 선행이었을까? 그때 그 형들의 마음을 헤아릴 수가 없다. 나 같은 외톨이 녀석에게 무슨 정이 있어서 내 방에 찾아와서 나에게 이것저것 챙겨주었을까? 난 정말 고마웠지만, 바보 같게도 그들에게 정말 고맙다고, 이제야 숨통이 좀 트인다고 인사하지 못했다.
 자격지심. 나 자신이 부끄럽고 한심했기 때문일 것이다. 그리고 나를 챙겨준 또 다른 두 명의 인물이 더 있었다. 이들 역시도 그때의 나로서는 무척이나 의외의 인물들이었다.

 바로 빵 봉투 미소 김일권과 우리 과 여자 동기이자 부과대를 맡고 있는 고성미였다. 일권이는 그 무렵 거물 여철우의 꼼꼼한 조직도 아래에서 한창 나래를 펼치고 있는 수행원 중 한 명이었다.(찌질한 표현이어도 어쩔 수 없다. 난 그 당시 여철우 무리를 난공불락의 악의 축으로 생각했으니까) 하지만 일권이는 그런 상황임에도 불구하고 홀로, 혹은 찬진이 형, 광산이 형과 함께 내 기숙사를 찾아와 주었다. 난 그때 당시 일권이의 그 미소가 너무 좋았다.

 받은 거 없고 준 거 없는데도 면상을 한 대 후려갈겨 버리고 싶은 인간이 있는가 하면, 나한테 아무것도 해준 게 없는데도 그냥 보고만 있어도 정이 가는 사람이 있다. 일권이는 후자에 속하는 인간형이었다. 뭔가 때가 덜 묻었다고나 할까? 인간에 대한 순수한 호기심이 가득한 아이였던 것 같다. 지금 와서 생각해보면 그 이유를 어렴풋이 알 것 같지만(이 이유에 대해서는 나중에 기회가 있을 때 말해주겠다), 고성미가 나를 챙겨주는 것도 의외였다. 고성미는 배구선수 뺨치는 큰 키에서 우러나오는 특유의 저음(고성미의 저음은 마치 테이프를 늘여 감은 듯한 약간의 아둔함이 섞여 있다)으로 항상 "창주, 잘 먹고 다녀야 돼. 술 많이 마시지 말아."라고 말했었고, 나는 그냥 괜시리 부끄러워져서 "그려."라고 말하고 휙 하니 사라졌던 것 같다.

 아무튼 천만다행스럽게도 이렇게 나를 챙겨주는 사람들이 있었다. 굳이 요인을 생각해보니, 아마도 그 당시에 나는 무척이나 창백하고, 마르고 왜소한 체격을 가졌기 때문에 보는 이에게 뭔가 챙겨주고픈 안쓰러움을 주었을지도 모른다는 생각을 해본다. 정말 고마운 사람들이었지만, 아쉽게도 나에게 커다란 위로는 되지 않았다. 나는 당시 거의 매일같이 습관적으로 '영국 유학'에 관한 키워드를 검색해본 것 같다. 내가 기대하던 대학생활이 이렇게 엿 같을 바에야, 그냥 아예 먼 곳으로 떠나서 내 마음껏 살아보자. 여철우? 시발 그래. 이 병신 같은 천안 삼거리에서 다들 좆 박고 천년만년 뺑뺑이나 돌아라. 이 형님은 떠난다,

 이 비읍신같은 것들아. 그런 악다구니에서 비롯된 저항적 행동이기도 했다. 한 캔 두 캔으로 그날 저녁이 알딸딸하지 않으면 두 캔 세 캔을 더하는 음주가 시작되었다.

 한 마디로, 고주망태가 되는 날이 점점 늘어났던 것이다. 내 룸메이트인 봉현이 형은 무척이나 마음씨가 따뜻하고 좋은 사람이었지만, 고학번이기도 했고 학과에서 잘 지내기도 하는, 소위 말해 '인싸'의 생활을 하는 사람이었기에 사실 기숙사에 아예 들어오지 않는 날도 허다했다. 난 수업 이후 그

긴 시간을 외로움이라는 감정을 외면하면서 버텨야만 했기 때문에 맥주 없이는 밤을 보낼 수 없게 되었다.

 어느 날이었던가, 대학에 입학한 이후 처음으로 고등학교 친구에게 전화를 한 것 같다. "야 이 소똥 내 나는 좆밥들아, 내가 인마, 무용학과 꼬셔서(대학에 들어오고서 안 사실이지만 우리 학교엔 무용학과가 없었다) 니네 옆에 딱 앉혀 놓는다. 서울 가시내들 델꼬 온다고! 그러니까 앞으로 그날이 올 때까지 연락하지 마라, 쿨하게 쌩까자, 이 촌놈들아!" 그런 허세 가득한 호언장담을 뒤로 그야말로 쿨하게 연락하지 않았던 고등학교 친구에게 전화를 하고, 난 쪽팔리게도 엉엉 울었다. 그야말로 오열을 하듯이 울었던 것 같다. 친구는 무척이나 놀란 목소리였다. 그 친구 앞에서 울어본 적이 한 번도 없었기 때문이다.

"장현아….. 시발 장현아……. 서울 놈들…… 서울 놈들 좆같다, 서울 놈들 너무 좆같어, 서울 놈들, 너무 싫다, 좆같다, 좆같어!"
 그렇게 한참 전화통을 붙들며 몇 시간이고 욕지거리로 눈물을 쏟아낸 뒤 난 심신하다시피 잠이 들었다. 그리고 다음 날 아침, 정신이 든 나는 친구에게 〈시발, 미안하다〉라는 문자 한 통을 보냈다. 그런 찌질한 나에게 친구는 이렇게 답장했다.

〈그려, 서울 놈들 쥐뿔도 없어. 그러니까 쫄지마라야.〉

아주 작은 호의로 외로운 이의 마음이 따뜻해질 수 있었던.

8. 뜻대로 되는 일이 하나도 없으니 바보같이 남을 미워할 수밖에

 요즘 들어 '존버'라는 단어에 대해 자주 생각하게 된다. 말 그대로 '존나 버티다'라는 뜻을 가진 존버. 정말 존나 버티면 뭐가 될까라는 의구심이 들다가도 가끔 매스컴을 통해 혜성처럼 등장하는 대기만성형 인간들이 눈에 보인다. 그런 사람들을 보면 참 부럽다. 마냥 잘 된 것이 부럽다기보다는, 그렇게 끝까지 자신을 믿고 묵묵히 나아간 그 의지가 부럽다.

 요즘 같은 사회 분위기 속에서 그런 의지를 가지기란 정말 쉽지 않은 일이다. 스마트폰이 필수품으로 자리 잡기 시작하면서, 남의 것과 내 것을 재고 따져보는 게 훨씬 더 쉽고 빨라진 것 같다. sns와 커뮤니티 사이트가 대표적인 예 아닐까. 아무튼 난 존버해서 끝끝내 자기 가치를 입증한 사람들의 의지에 감탄한다. 가끔은 내 인생이 무가치하다고 느끼는 때도 있다. 의외로 그런 생각이 드는 건 별안간 뜬금없고 매우 사소한 이유 때문인 경우가 있다. 예를 들어 미용실에서 머리를 망치고 온 다음날 매번 거울 속을 바라볼 때마다 내 얼굴형에 맞지 않는 머리 스타일을 지켜볼 때가 그렇고, 길거리를 지나다니는 성장판이 개선문처럼 활짝 열린듯한 나보다 키가 큰 중고등학생들을 마주할 때도 그러하며, 아직도 이따금씩 내 얼굴을 하나둘씩 뒤덮는 성인 여드름을 지켜볼 때도 그러하다고 말할 수 있으며, 이렇게 글을 쓰는 시간이 부족하다는 생각에 일종의 배덕감이 드는 때가 그러하다.

 이런 단적인 부분들만 모아 보더라도 사람을 울고 웃게 하는 것들은 의외로 매우 단순한 것 같다. 내가 지난주부터 다니고 있는 회사도 그렇다. 도보로 15분 거리. 이 정도로 가깝지 않았다면 이 회사를 다니지 않았을 것이다. 지극히 단순한 계기로 다시 시작한 회사 생활이지만서도 다니다 보니 이게 내 운명이려니 싶은 생각이 든다. 웬만한 사람이라면 다 아는 전설의 만화 슬램덩크의 주인공 강백호가 농구를 시작한 계기도 무척이나 단순하다.

 강백호는 채치수의 여동생인 채소연을 좋아했고, 채소연은 농구를 좋아했다. 그래서 강백호는 농구를 좋아하기로 한다. 그래서 농구를 잘 하게 된다. 인생을 바꾸는 계기란 건, 강백호의 농구와도 같다. 계획도, 전략도 필요 없이 그저 마음가는 대로 한다. 그리고 어느 순간 뒤돌아봤을 때, 그때 무언가

이뤄져 있는 것이다.   이런저런 풍파를 겪어보고 나니, 원대한 야망과 복잡한 계획 같은 건 그다지 별 쓸모가 없다는 것을 알게 되었다. 어차피 사람 일은 자기 마음대로 되는 법이 없다. 엿 같지만, 이런 사실을 빨리 인정하는 편이 좋다. 이런 건조한 말 나도 하기 싫지만 어쩔 수 없다. 맨 처음 시작하는 방향 정도는 뜻대로 할 수 있겠지만, 그 방향의 끝이 자기가 최초로 설정했던 목표지점이 아닐 수도 있다.
 정신을 차리고 보니 전혀 엉뚱한 곳으로 와 있을 수도 있다는 것이다. 그렇기에 일단은 주어진 당면 과제에 집중하고, 주어진 오늘을 최대한 즐기는 게 최선이 아닐까 생각해본다.

 요새는 일하는 시간 내내 항상 머릿속에서 싸움이 일어나는 것 같다. 정신 차려, 정창주. 니가 하고 싶은 건 글을 쓰는 것이고, 니가 되고 싶은 건 작가잖아. 그런데 여기서 뭐하고 있는 거냐? 당장 이 자리를 박차고 나가서 글을 쓰란 말야. 니 머리 속에 있는 갖은 염병을 다 옮겨 적어 보란 말야.

 개소리 마 새끼야, 입에 풀칠은 하고 살아야 할 것 아니냐. 그리고 니 나이가 서른하나다. 니 고향 친구는 오늘 아파트 청약 들어갔다고 하잖아. 대가리 처박고 일이나 해라. 아까와 천사가 싸우듯 이렇게 두 가지 생각이 내 머릿속을 복잡하게 뒤얽는다. 누가 악마고 누가 천사인지는 알 수 없다. 어쩌면 둘 다 악마일 수도 있다. 확실한 건 둘 다 천사일 리는 없다는 것이다. 확실한 건 이 시간이란 놈은 악마임에 틀림없다는 것이다.

 시간에겐 자비란 것이 없다. 일절 봐주는 것도 없다. 그래서 아무리 노력해도 이 시간이란 놈을 거스를 수 없게 되어, 그럴싸한 준비없이 속수무책으로 죽음과 가까워지게 되는 것이다. 나이가 드니 이렇게 하나둘씩 몸에 하자가 오는 게 직접적으로 느껴진다. 매스컴에 나와서 자신의 성공담을 청춘들과 공유하는 나이 지긋이 먹은 갑부들이 항상 입버릇처럼 하는 말이 있다.

 젊음은 돈이랑 못 바꿔요. 어릴 때만 해도 이 말, 희대의 개소리라고 생각했다. 하지만 지금은 꽤 공감이 가는 말이기도 하다. 나이가 드는 것의 가장 큰 약점은, 바로 몸이 점점 약해져 간다는 것이다. 금방 지치고, 어딘가 한두 군데가 아프고, 머리카락이 점점 더 빠지고, 주름살이 하나둘씩 늘고, 내 몸은 '너 예전같지 않아. 너 예전 같지 않아. 너, 예.전.같.지. 않.다.고.' 라는 아우성 반 조롱 반 섞인 투정을 갖은 방식으로 토로한다.

 인간의 노화과정이 추하게 늙고 약해지는 것이라면, 그래서 꼭 이 세상에서 끝내 사라지고 다음 세대에게 자리를 내줘야 하는 게 하늘의 뜻이라면, 차라리 벤자민 버튼처럼 거꾸로 나이 들어 아기로 죽는 것이 더 숭고하고 아름다워 보이지 않을까? 나이가 들어갈수록 아름다운 청년의 모습으로 나이 들어가다, 마지막엔 아기의 모습으로 잠드는 것이다.

만약 내가 시꺼멓게 탄 옥수수 알갱이처럼 몇 안 남은 썩은 이빨을 움죽거리면서 치매에 회까닥 정신이 나간 사람이 된다면? 지금 내 똥구멍 밑에서 굴러다니고 있는 게 찰흙놀이용 지점토인지 똥덩어리인지도 구분 못해 벽에 푸닥푸닥 던지면서 말하는 법도 까먹은 채 '으레에야, 으브으브브' 거리며 꼴사나운 추태를 부리다가 비명횡사할 팔자라면 정말 끔찍하다.

그럴 바에야 차라리 아기의 모습으로 죽는 게 훨씬 더 존중받을 수 있는 죽음 아닐까? 신이 있다고 치자. '신이 있다'고는 인정 못 하겠다. (신이 있다고 치부하기엔 우리 사회에 불평등이 너무나도 만연해 있기에. 그리고 그것을 점점 바꾸기가 힘든 사회가 되어가고 있기에) 굳이 따지자면 난 '있는 셈 치자'라는 주의다. 아무튼 신이 있다고 치자. 그럼 그 양반은 지구라는 거대한 OS를 이용해서 우리 인간을 비롯하여 동물, 식물, 땅, 바다, 바람, 불, 물……. 이 세상에 있는 모든 것을 손수 프로그래밍했을 것이다. 해야 될 일이 한두 가지가 아닐 테니 단독 작업이 아닌 팀 단위의 공동 작업이었을 수도 있다. 그게 아니라 대행을 맡겼다면 뭐, 천사쯤이나 거들어 줬으려나.

하여튼 수고한 건 맞다. 솔직히 간단한 레고 하나 맞추는 것도 한두 시간 하다보면 질려서 팽개치기 마련인데 얼마나 빡셌을까? 나 같은 우주의 먼지 찌끄러기는 감히 상상도 못하겠다. 하지만 난 신이 인간에 대한 치명적인 결함 몇 가지를 수정하지 않고 최종 컨펌한 부분이 있다고 생각한다. 앞서 말한 벤자민 버튼 식 죽음을 고려하지 않은 것도 그런 실수의 일환이라고 생각한다.

 하지만 무엇보다 내가 만약에 신이었다면, 인간을 자웅동체로 만들었을 것이다. 말하자면 속된 말로 사람들을 죄다 '남녀추니'로 만드는 것이다. 자지도 달리고 보지도 달린 인간 말이다. 이렇게 한 몸에 두 가지 성을 모두 다 가지고 있는 자웅동체 인간은 때에 따라서 남자도 될 수 있고, 여자도 될 수 있을 것이다. 여기서 태클을 거는 반론이 있을 것이다.

 덜렁덜렁하기도 하고 평평 축축하기도 한두 가지 음경을 가지고 있는 인간이 어디가 좋다는 거냐? 생각만 해도 해괴망측하다! 하기야 그렇기는 하다. 하지만 우리가 모두 자웅동체 인간이라면, 타인을 대하는 데 있어 좀 더 배려심을 발휘할 수 있을 거라는 생각을 해본다. 요즘 정세를 봐도 그렇다.
  마치 캡틴 아메리카 시빌 워처럼 남자와 여자 간의 세력이 어떠한 이해관계로 인해 극명한 입장 차를 보이고, 심지어 서로를 물어뜯고 싸우기까지 한다. 굳이 작금의 상황이 아니더라도 화성에서 온 남자와 금성에서 온 여자 두 진영 간의 치열한 우주전쟁은 어쩌면 영원히 풀지 못할 숙제라고도 할 수 있다.

 하지만 우리가 남녀추니 인간이었다고 생각해보자. 함부로 니 년이 잘못했어라고 말할 남자가 있을 것이며, 함부로 고추를 확 떼버려야지라고 말할 여자가 있을까? 여담이고, 지극히 개인적인 생각이지만, 어차피 남녀 간의 싸움은 당분간 그 누구도 못 말릴 것이다. 이를테면 이건 일종의 타이틀 매치인 것이다.

 어차피 결국에는 서로 원 펀치를 날려야 할 숙명적인 싸움박질이 될 것이다. 지역감정, 세대 차이, 남북 관계, 그리고 남녀 갈등. 프레임이 바뀌었을 뿐이지 계속해서 있어왔던 주의 분산용 갈등 조장이다. 아시잖은가. 아무리 똑똑해도 우린 결국 일개 시민일 뿐이다. 보이지 않고 느낄 수 없는 누군가의 퍼페트(puppet)일 뿐이다.

 딱히 명분 없는 우승 벨트를 위해 챔피언과 컨텐더 역할을 서로 바꿔가며 엎치락뒤치락하는 형국인 셈이다. 아무튼. 뭐, 어차피 붙어야 한다면, 그럴 수밖에 없는 상황이라면, 적어도 룰은 지키는 게 좋지 않을까란 생각을 해본다. 하다못해 둔기보다 더 무섭고 날카롭게 육체를 단련한 격투가들도 격투장 안에서만큼은 룰을 지킨다. 비열하게 귀나 불알을 물어뜯지도 않고, 기브 업을 선언했는데도 분에 못 이겨 면상을 짓이기거나 발 차기 같은 것도 하지 않는다. 길거리 양아치가 아니기 때문이다. 그들은 프로다. 우리도 프로가 되어야 한다. 건전한 싸움을 해야 한다. 룰이 있고 근본이 있는 신사적인 컴피티션을 해야 한다.

 백색 타올을 던졌는데도 주먹질을 멈추지 않고 빈사 상태로 만드는 건 스포츠가 아니다. 그건 폭력에 지나지 않는다. 서로의 마음에 빨간 줄 긋는 멍청한 짓을 할 셈이라면 생각에서만 그쳐야 할 것이다.
 음, 끝내야겠군. 여기서 말이 더 길어지면 개소리가 될 것 같다. 내가 뭐 씩이나 된다고. 암것도 아닌 주제에 무슨 대단한 어르신이라도 된 거 마냥 일침병에 걸려 버린 것일까. 아직은 아니다. 아직은 그렇게까지 코를 찌르는 아저씨 쉰내를 글줄에서까지 풍기고 싶지 않다.

 그렇다면 이제 과거로 돌아갈 타이밍이다.

Slince is the language of GOD.
All else is poor translation.

침묵은 신의 언어이다. 그 외의 모든 것들은 빈약한 해석에 불과하다.

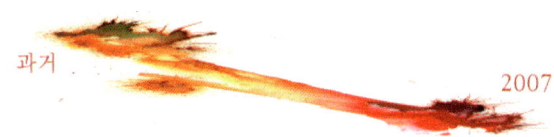

과거　　　　　　　　　　　　　　2007

영국 유학에 완전히 꽂혀 있었다.

 헛소리, 내가 무슨 영국을 가. 못 가. 못 갈 거야 난.

 내 마음속엔 이미 이런 생각도 함께 하고 있었다. 유학이 무슨 천 원짜리 동네 피시방 심심풀이도 아니고. 애초부터 말도 안 되는 어린아이 생떼만도 못한 허황한 상상이었던 것이다.

 하지만 영국 유학을 상상하는 그 재미만큼은 무척이나 쏠쏠했다. 마치 고등학교 시절 내가 별안간 전국 노래짱이 되어 익산시 축제에 나가서 에스지 워너비 발라드를 불러 사람들에게 환호를 받는다거나, 어느 날 우주 너머 외계인이 쏜 번개에 맞아 세계를 깜짝 놀라게 할 초능력자가 된다던가, 눈을 마주치기만 해도 어떤 여자하고도 섹스를 할 수 있는 슈퍼 파워가 생긴다거나! 그렇게 상상만 해도 카타르시스가 느껴지는 공상을 할 수 있다는 것 자체에 희열을 느꼈던 것 같다.

우선 난 영국에 가면 내 눈을 뒤덮을 정도로 앞머리를 길게 기를 거야. 그리고 긴 팔을 뜯어 만든 실밥이 너덜너덜한 민소매와 체인이 달린 가죽 바지를 입고 영국식 로커같이 옷을 입고 다닐 거야. 떨은 기본으로 피울 거고, 누구든 날 동양인이라고 무시하면, 내 주머니에서 바로 너클을 꺼내 끼워서 그 자식의 이빨을 피아노 건반처럼 만들어 버릴 거야.

"Hey, watch out the guy, a.k.a 'MAD CJ'. He is fuckin' killer."
(이봐, '미친 CJ'라는 녀석을 조심하라구. 그 새끼 완전 미친 깡패 자식이니까.)

그 일대에선 내 악명으로 떠들썩하겠지. 이름보단 소름 끼치는 닉네임으로. 떡도 존나 칠 거야. 이상 괴상한 짓거리는 다 하고 다니면서도 엄친아처럼 공부도 악착같이 열심히 할 거야.

그래서 한국에 돌아오면, 너희 천안 촌 것들을 마구 짓밟아 주고, 무시할 거야.

내가 영국 유학길에 오르는데 성공했다면,
이런 모습을 바라지 않았을까?

 이게 내 상상 속 점찮주의 대영제국 정복기였다 이런 뻑스러운 공상에 흠뻑 빠지느라 학교를 아예 안 나가는 날도 허다했던 것 같다. 어차피 어쨌거나 저쨌거나 난 대학에 와서 공부를 할 생각이 눈곱만치도 없었다. 그런 김에 그냥 단물만 빼고, 즉, 대학생으로서의 자유만 누리고, 의무감은 접어 두자는 식의 사고였던 것 같다. 아마 중간고사 이후였을 것이다. 언젠가 담당 교수인 박백천 교수가 나를 자신의 연구실로 부른 적이 있었다. 박백천 교수가 자신의 연구실로 나를 따로 부른 것은 내게 무척이나 당황스러웠다. 난 그때까지 교수들의 이름도 제대로 외우지 못하고 있었기 때문이다.

"창주. 차석으로 들어온 걸로 알고 있는데."
그 교수는 이런 비스무리한 말을 했던 것 같다.
"아…. 예……"
학기 초에나 무슨 참전용사의 훈장이라도 되는 마냥 내밀고 다녔지만, 내게 그 사실은 이미 이제는 피딱정이처럼 굳어 바스라져 볼품없이 변해버린 과거 그 이상 이하도 아니었다. 그 말을 시작으로 박 교수는 나에게 이런저런 질문을 했던 것 같다.

대학 생활은 적응 잘 하고 있니?
전공을 살리고픈 생각은 있니?
열심히 하면 분명히 취업도 잘 할 거야.

듣는 둥 마는 둥하며 머릿속엔 온통 술 담배 섹스 생각밖에 없는 철없는 제자에게 그는 참된 교육자로서의 가치를 끝까지 포기하지 않았다. 박 교수의 연구실을 나오면서, 나는 왠지 모르게 그에게 미안함을 느꼈다. 내가 뭐라고. 쥐새끼처럼 생긴 재수생 형 하나도 어찌하지 못하는 내가 뭐가 대단하다고 이렇게 나를 따로 불러서까지 내 걱정을 해주는 걸까? 지금 와서 생각해보면, 나는 참 의외의 인물들에게 따뜻한 온정과 배려를 많이 받았던 것 같다. 언젠가는 그들에게 정말 감사했다고, 그 시절 내게 그런 말과 행동을 해주었기에 지금의 내가 이렇게 모나지 않은 어른으로 자랐다고 말할 수 있는 날이 올까?

여철우 왕국은 하루가 지나면 지날수록 융성해져만 갔고, 그의 인망을 좇아 새로이 합류하는 수하들의 머릿수는 점점 더 많아져만 갔다. 우리보다 한 학번 위 선배인 양옆으로 펄럭 늘어진 원숭이 귀를 한 민형수 선배가 여철우 왕국을 위해 발 벗고 뛰어다녔던 이들 중 하나였던 것으로 기억한다. 그리고 그 알타리무 같은 종아리를 당당하게 드러내고 다녔던, 칠부바지 강주담 선배도 한 세트나 다름없었다.

내가 아직까지 그 선배를 싫어하게 된 계기가 있다. 여느 때처럼 똑같은 일상이었다. 즉, 수업 끝나고 도시락집에 들러서 치킨 마요 도시락을 사고, 편의점에서 맥주 한 캔 사서 집으로 들어간 뒤, 방 안의 모든 불을 다 꺼놓고 노트북으로 영화를 다운받아 보던 날이었다. 그 시간은 낮에 쌓인 모든 스트레스와 사람에 대한 환멸감을 해소하는, 내게는 무척이나 소중한 힐링타임이었다. 특히 삼류 좀비 영화를 보며 좀비들의 골통이 야구 방망이에 으스러지고 빠개져 뇌수가 바닥으로 흩뿌려질 때마다 나는 여철우의 머리통을 그렇게 후둘기는 상상에 이입하며 통쾌함을 느꼈다.

비유하자면 여자들이 매운 음식을 먹으며 스트레스를 푸는 것과 비슷한 메커니즘이었다. 짜릿한 자극으로 몸 안에 가득 찬 일상의 독기를 배출하는 개운한 시간. 하지만 그날은 나의 그런 숭고한 의식을 치명적으로 방해하는 사람이 있었다.

똑똑똑.
마치 밀린 돈 받으러 온 수금원이 두들기는 듯한 단도직입적인 딱딱한 노크 소리가 내 기숙사 문 밖에서 울렸다. 처음에는 잘못 들었겠거니 했다. 그래서 무시하고 다시 스페이스 바를 눌러 영화를 재생했다.
똑똑똑.
이게 미쳤나, 왜 안 열어? 노크 소리는 마치 주둥이라도 달려 나에게 이렇게 따지는 듯했다.
"아유, 씨발······."
나는 신경질적으로 다시 스페이스 바를 눌러 영화를 멈추었다.
"누구요?"
겨우 짜증을 삭이는 목소리로 물었다.

"나야, 문 열어."

낯선 목소리의 여자가 이렇게 말했다.

"니가 누군데 이 시벌년아."

 생각 같아서는 이렇게 확 내뱉어버리고 싶었지만, 생각은 그저 생각이었다.(그럴 만한 깡을 가진 인물도 못 되었다) 나는 사이비 종교인을 문가에 들여놓은 의심 많은 가정주부처럼 조심스레 현관 문을 열었다.

"야, 왜 이렇게 늦게 나와?"

 목소리의 주인공의 면상을 보자마자 시발이라는 말이 절로 튀어나올뻔했다. 그 목소리의 주인공은 강주담 선배였다. 마치 삼백 원단위의 불량식품을 한 손에 꾸러미째 들고 퍼먹을 것 같이 생긴 불거져 나온 심술스러운 아랫입술, 그리고 도수 높은 안경에 가려 표정을 읽을 수 없는 작디작은 눈.

"니 동기들이 니가 분명히 기숙사에 있을 거라고 하더라고."

 강주담 선배는 마치 일생일대의 대단한 명추리라도 해낸 셜록 홈즈라도 되는 마냥, 으스대며 어깨를 들썩였다. 용건이 뭐냐고 물어보던 찰나, 나는 굳이 물어보지 않아도 되겠다는 생각이 들었다. 상황 파악을 매우 빠르게 할 수 있었다.

 왜냐하면 그 육중한 강주담 선배의 어깨에, 궁둥이에 달린 더듬이로 음파를 쏘는 황윤빈이 술로 떡이 된 채 그녀의 어깨 뒤로 들쳐 업혀 있었기 때문이다.

"윤빈이가 완전 취해서 정신을 못 차리더라고."

강주담 선배는 그 말이 끝나기 무섭게, 나에게 어떤 동의나 양해를 구하는 고갯짓이나 제스쳐 따위 일절 없이 무슨 택배라도 집하하는 것마냥 그 황윤빈이를 내 집 내 방바닥에 떡하니 내려놓았다.
"여기서 좀 재워도 되지? 다른 데엔 얘가 마땅히 잘 데가 없어서."
 내가 뭐라고 대답하기도 전에, 강주담 선배는 손목시계를 한 번 바라보더니 문 밖으로 몸을 돌렸다. 그렇게 덩치가 곰만 한데 빠져나가는 건 오소리보다 더 날랬다.

 두 사람이 쳐들어왔고, 한 사람은 떠났고 한 사람은 남았다. 그리고 그 남은 한 사람은, 여철우 왕국의 충직한 개. 여철우 왕국은 어찌나 신묘하던지 이 똥구멍으로 음파를 쏘며 외계인과 비밀 교신을 하는 벙어리 녀석마저도 마치 웅변대회를 하는 초등학교 삼 학년 꼬맹이처럼 우렁찬 목소리로 자기주장을 하게 만드는 기적 신화를 만들었다. 나랑 같이 기숙사에서 만화 볼 때는 입 한 번 방긋 안 하던 황윤빈이.

 이 얄미운 쭉정이. 그런 그는 지금 술이 떡이 돼서 내 방안에 누워 있다. 생각 같아서는 이 얄미운 뒤통수를 한 대 후려갈겨 버리고 싶었다. 하지만 상종조차 하기도 싫었다. 마치 거대한 폐기물이 악취를 풍기고 있는 것 같았다. 그래서 난 걔를 누워 있는 그 자리 그대로 내버려 둔 채, 다시 맥주를 홀짝 마시면서 마저 영화를 감상했다. 생각 같아서는 이 호레자식이 한 삼십 분 뒤쯤에라도 술에서 번쩍 깬 뒤 그 지랄맞은 여철우 뒤꽁무니를 핥으러 내 눈앞에서 사라져 줬음 하는 바람이었다.

하지만 보아하니 그런 기적은 일어날 것 같지 않았다. 그야말로 인사불성이 된 상태로 푹 삭은 콩나물처럼 초라하게 널브러져 있었기 때문이다. 난 괜시리 열받아서 담배를 뻑뻑 피우며 영화도 보는 둥 마는 둥 했다. 강주담 선배의 배려 없는 행동에 열받았고, 여철우의 들개가 내 방에 있는 것도 열받았다.

"우웁!"
그런 생각을 하는 와중에, 갑자기 윤빈이의 입에서 외마디 신음 소리가 나왔다.

"어, 어? 뭐야, 안 돼! 잠깐만! 야! 야! 야 이 개........!!"

윤빈이의 입을 비집고 마중 나온 내용물의 실체가 드러나자, 나는 참지 못하고 욕설을 내뱉었다.

2019　　　　　　　　　　　　　현재

9. 그래도, 평안과 행복을 애써 꾸미려 할 필요는 없어

 내가 '독신'이라는 단어에 흥미를 가지게 된 건 아마 초등학교 이 학년 무렵일 거다. 그 당시만 해도 독신이라는 단어는 평범한 사람들 사이에서 뭔가 주홍 글씨처럼 느껴지는 낯설고 이질적인 것이었다. 지금이야 비혼자 속출로 소위 말해 '인구 절벽 위기'라고 하지만, 내가 어릴 적만 해도 그런 정서는 코쟁이 외국 문물보다 더 낯설고 이상한 범주에 속했다.

 꼬마 정창주가 독신이라는 단어에 관심을 가지게 된 건 아주 사소한 이유에서였다. 도덕 교과서였나? 어린아이들 눈높이에 맞춘 친근한 그림체로 그려진 단춧구멍 눈을 하고 입이 쪽 찢어질 정도로 환하게 웃고 있는 성인 남성이 만두를 빚고 있는 그림과 함께 아래에 이런 문구가 적혀 있었다. '김철수 씨는 독신입니다.' 독신? 독신이란 게 뭐지? 나는 그 교과서 속 난생처음 접해보는 무척이나 낯선 단어에 잠시간 작은 혼란을 느꼈다. 조그마한 머리통으로 온갖 유추를 해보았다.

 우선 독신이란 건 분명 나쁜 일을 뜻하는 것은 아닐 거야. 왜냐하면 이 그림 안의 김철수 아저씨 표정이 좋잖아. 그리고 우리 엄마도 하기 힘든 만두 빚기까지 척척해내고 있잖아. 나쁜 의미를 담은 단어가 아니라는 건 알아내는데 성공했지만, 추가적인 진전은 없었다. 아무리 생각해봐도 독신이란 단어의 뜻을 이해할 수가 없었다. 교과서에 있으니까 결국 배우게 됐지만, 독신은 '부모로부터 독립해 혼자 살아가는 사람'을 뜻하는 단어였다.

 혼자 살아간다라.

 우리는 보통 어릴 때부터 사회 속의 사람은 홀로 살아갈 수 없다고 어른들에게 배워온다. 그렇기 때문에 혼자 산다는 건, 즉, 제대로 살지 있지 못함을 은연중에 내비치는 자전적 고백 같은 걸로 인식되곤 한다(물론 지금도 그런 사회정서가 완벽하게 색채를 감춘 것은 아니다). 그런데 이 김철수 아저씨는 전혀 제대로 못 사는 것 같지 않았다.

 혼자서 만두를 즐겁게 빚는 김철수 아저씨. 어린 나에게 독신이라는 단어는 왠지 천하무적 해결사 맥가이버 같은 느낌을 주었다. 그래서 언젠가는 꼭 독신이란 것을 경험을 해보고 싶다는 생각을 쭉 해왔었다. 그리고 지금은, 아마도 거의 그렇게 돼가는 과정을 밟고 있는 게 아닐까 생각해본다. 이런저런 여자들을 만나보고, 사귀어도 본 결과, 나는 독신이 좀 잘 어울리는 타입인 것 같다.

 우선 나는 자유롭지 않은 상황을 무척이나 싫어한다. 싫어한다는 말로는 부족하니, '혐오한다'라고 표현해도 좋을 것이다. 원치 않는 활동에 이끌려 다니는 것을 원하지 않고, 내 시간을 확보하지 못하는 것을 좋아하지 않는다. 나는 꼭 혼자만의 시간이 필요하다. 지금처럼 하루 걸러 미세먼지 먹구름이 그득그득하지 않았을 무렵엔, 일주일에 한두 번씩은 항상 한강변을 걸으며 홀로 사색을 즐기곤 했다. 그러면서 이런저런 생각을 하는 것이다. 내 미래는 앞으로 어떻게 될 것인지. 지금 가고 있는 방향이 맞는 건지. 때로는 과거 이야기들에 흠뻑 젖어 혼자 미소 짓기도 하면서 말이다. 편협한 생각일 수도 있겠지만, 여자친구를 만나면 항상 그런 시간을 뺏기는 듯한 느낌이 들었다. 사랑은 인간의 생존에 있어서 정말 강력한 무기 중 하나다.

 별거 없는 지진한 인생이 제 닮은 아들딸 먹이고 입히자고 초인적인 가장이 힘을 발휘할 수도 있고, 아이를 덮치는 덤프트럭을 엄청난 괴력으로 밀쳐버릴 수도 있는 게 사랑의 힘이다. 말하자면 태곳적부터 대를 이어가며 비기로 전수되어 온 라이프 에너지인 셈이다. 하지만 난 아직도 사랑이란 게,

깊은 관계라는 게 부담스럽다. 그게 아무리 좋다고 하더라도 내 시간을 뺏겨가면서 투자하고 싶지는 않은 것이다. 이렇게 위대한 라이프 에너지가 부담스럽다니. 아무래도 난 멸종해야 마땅한 놈임에 틀림없는 모양이다.

어쨌든 내가 생각하는 사랑의 가장 큰 단점은, 사랑을 하는 동안 시야폭이 무척이나 좁아진다는 것이다. 내 모든 일상의 타임테이블을 상대방의 것에 안배하고 맞춰야 하다 보니 볼 수 있고 경험할 수 있는 환경조차도 무척이나 제한된다. 이번 주는 서울 숲을 가고 다음 주는 코엑스를 가고 또 그 다음 주는 한강을 가고 그런 단순한 데이트 코스를 얘기하는 게 아니다. 내가 말하는 건 관념이다. 혼자 있을 땐 줄곧 잘했던 비판적이고 합리적인 생각, 즐거운 상상, 나에 대한 고민 같은 걸 할 시간이 없어진다.

뭔가 새롭게 도전하고픈 마음도 알량해진다. 그럴 시간도 없고, 굳이 그러고 싶은 마음도 들지 않기 때문이다. 그것이 왠고 하니 다름 아닌 안정감 때문이다. 어차피 남는 시간엔 널 만나고, 장소는 다르지만 맛은 죄다 똑같은 요즘 유행하는 맛집을 갈 것이고, 특별한 일이 없으면 카페에 가서 서로 직장 동료, 상사 뒤나 뜯는 영양가 없는 욕지거리나 나눌 것이고, 남는 시간엔 영화를 보러 가거나 모텔을 가고. 그렇게 내 주말이 끝나겠지. 이번 주말도, 다음에 돌아오는 주말도 이미 스케치가 다 되어 있는 셈이다. 어느 정도 내용이 훤히 들여다보이는 단막극의 시청자가 되는 기분이랄까. 고독이란 감정을 잘 컨트롤하지 못했던 어릴 적엔 그냥 잠시라도 혼자 있는 시간이 무척이나 싫었다. 혼자 있게 되면 왠지 내가 비주류 인간인 것 같고, 누구에게도 사랑받고 있지 못하고 있다는 분한 생각이 들었다.

 하지만 지금은 그나마 고독을 잘 다룰 수 있게 된 것 같다. 노련하진 않겠지만 그래도 함께 어울릴 수는 있게 되었다. 내 모습은 내가 가장 잘 기억하고 있으면 된다. 굳이 누군가에게 나의 장기나 잘 꾸민 모습을 보여줘야 할 의무는 없다. 그저 내 마음속에 내 스스로의 모습을 잘 기록해두는 것이 중요한 것 같단 생각이다. 그럼 그것을 원동력으로 또 다른 활동을 할 수 있고, 또 다른 나를 경험해 볼 수 있다. 나 자신에 대한 공부는 아무리 해도 항상 신기한 감탄을 자아내는 것 같다.

 지금은 누굴 진지하게 만나고픈 생각은 없다. 아직까진 나 스스로에 대한 호기심이 많고, 끄집어내고자 하는 나의 새로운 모습들도 지금보다 더 많이 찾아내고 싶기 때문이다.

맥가이버처럼 멋진 만능 독신으로 살아가기!
그게 당분간의 내 목표다.

과거　　　　　　　　　　　　　　　2007

 고주망태 윤빈이는 결국 끓는 김치찌개처럼 보글거리는 속을 버텨내지 못하고 내용물을 입 밖으로 뱉어냈다. 천만다행이었던 것은 그 와중에 정신이 아주 희미하게나마 남아있던 모양인지, 전체 내용물 중 10퍼센트 정도의 소량 정도만 완급 조절을 하며 뱉어냈다는 것이다. 그런데 난 그게 오히려 더 오묘하게 열받았다. 마치 정말 소름 끼치도록 못 만들어서 제목만 들어도 짜증이 확 솟구치는 졸작 영화의 예고편처럼, '자, 신사 숙녀 여러분, 앞으로 차마 눈뜨고 보지 못할 이 황윤빈이의 지상 최대 진상스러운 쇼가 펼쳐질 예정입니다, 커밍 - 쑤운-!' 이라는 이 녀석의 내레이션이 내 머릿속에서 저절로 들려오는 것 같았다.

 나는 깊게 한숨을 내쉬고 윤빈이를 화장실로 데려갔다. 그리고 주차장에서 후진을 하는 사람처럼 고개를 우측 뒤로 최대한 내빼고, 남은 한 손으로 엉성하게 그 아이의 등을 두드려줬다. 그 당시 윤빈이는 내게 그다지 큰 흥미나 영감을 주는 아이는 아니었기에 나는 그 아이의 주량이 얼마나 되는지 조차도 감이 없었지만, 적어도 그날만큼은 이 녀석 스스로가 이겨내지 못할 정도로 많이 마신 모양이란 걸 알 수 있었다. 녀석이 눈물을 글썽거리며 연신 헛구역질을 해댔기 때문이다.

 윤빈이는 변기에 머리를 처박고 매우 부지런하게 안에 있는 모든 것을 훌훌 털어놓았다. 안 그래도 싫어 죽겠는 놈의 술 뒤치다꺼리를 하는 데다 남의 토 냄새를 맡으니 그야말로 돌아버릴 지경이었다. 그 와중에 얜 자꾸 변기 안에 제 왼손을 집어넣었다. 그리고 마치 우물 안에 금송아지라도 빠뜨린 사람처럼 변기 안을 휘적대는데, 그땐 나도 정말 속에 있던 도시락과 맥주를 게워낼 뻔했다. 처음 한두 번은 그 변기 안에서 참방참방 거리는 왼손을 빼주다가 그게 너 다섯 번까지 넘어가게 되자 그만 포기하고 말았다. 한편으로는 좀 고소하기도 했던 것 같다.

 이 녀석은 오늘 누구라도 하나 잡아 거사라도 치를 모양이었는지, 평소의 저 답지 않게 조금 화려하게 쫙 빼입고 온 꼬락서니였다. 그런 보기 좋은 옷에 더러운 내용물들이 잔뜩 묻어있으니 뭔가 통쾌한 느낌이 들었다. 난데없는 오밤중 구역질 구경에 느글한 속을 달래려고 담배를 태우며, 핸드폰으로 녀석의 작태를 부지런히 찍었다.
 아예 정신을 못 차리고 허수아비처럼 축 늘어져 있는 그 녀석 앞에 나는 당당히 선 채로 내려다보고 있었다(나는 윤빈이보다 키가 훨씬 작기 때문에 어지간한 특별한 일이 아니고선 내가 걜 내려다볼 일은 없다). 뭔가 기분이 좋았다. 마치 내 주먹으로 이 녀석의 면상을 갈겨 때려눕힌 듯한 정복감이 들었다. 그래서 뿌듯했다.

 나는 그 모습을 좀 더 감상하고픈 마음에, 일부러 그 아이의 뒤치다꺼리를 천천히 설렁설렁했던 것 같다. 결국 오만 더러운 것들은 다 처리하고 잠자리에 뉘여 주기까지 했지만 말이다. 난 아직까지도 입가에 미미한 토사물 냄새가 남아 있는 윤빈이의 면상에 마치 여자들이 미스트 화장품을 뿌리듯 페브리즈 섬유 탈취제를 얼굴 위로 착착 뿌려댔다.

"시벌것. 요거나 먹어라."
 부웅-

 그리고 엉덩이를 그놈의 콧구멍에 들이대고 방귀 토핑을 얹었다. 녀석은 뭐가 그리도 좋은지 엄마 젖 냄새를 맡은 신생아마냥 헤죽이고 있었다. 녀석이 내 집에 와서 깽판을 친 건 영 맘에 안 들었지만 항상 수행 무사라도 되는 것처럼 점잔 빼던 녀석이 술 좀 마셨다고 속수무책 얼간이같이 돼버린 게 무척이나 뿌듯했다. 그래, 기분이다. 더 행복해져라.
 거의 반 통이 닳도록 넉넉하고 촉촉하게 녀석의 면상 위로

페브리즈를 뿌려 주었다. 통쾌했다. 왠지 서부영화에 나오는 복수자가 되어 악당의 얼굴에 리볼버를 난사하는 응징을 하는듯한 느낌이 들었다.

다음 날 윤빈이가 정신을 차리자, 나는 그야말로 무척이나 천진난만한 얼굴로 녀석이 어제 저지른 일들에 대해 일장연설을 늘어놓기 시작했다. 그리고 간밤에 핸드폰으로 찍은 녀석의 인사불성 사진들을 하나하나 정성스레 넘겨가며 최신 고가 기기를 파는 IT 매장 점원처럼 프레젠테이션 했다. 몇 가지 사실을 심하게 과장해서 말하기도 했다 -"네가 방바닥에다가 토악질을 쉴 새 없이 해대더니만, 갑자기 정신 나간 놈처럼 그걸 맨손으로 집어다가 사방으로 던지고 흩뿌렸당게!"-. 녀석이 미안함을 느끼길 바랐다. 그리고 동시에 수치심을 좀 느꼈으면 하는 생각도 있었다.

"아, 그랬구나."

걔는 그냥 묵묵히 내 말을 듣고 난 뒤 별로 미안한 기색은 안 담겨 있는 듯한 인사치레용 미소를 짓고 그 뒤로 별다른 말을 하지 않았다.

그런 꼬라지를 보이자 아무래도 얘는 취해있는 편이 그나마 덜 비호감일지도 모르겠다는 생각이 들었다. 아무튼 너의 1학년 1학기 대학생활은 그런 식으로 흘러갔다. 나를 걱정해주고 찾아와주는 소수 친구들의 원호 덕에 모기 새끼처럼이나마 앵앵거리며 힘을 내는 시간들이었다.

그 당시 나는 동기들에게 어떤 느낌이었을까? 마치 기인 같은 느낌이었을까? 지금 와서 회상해보면 아무래도 좋지만 그래도 그 당시에만큼은 내가 과의 최고이고 싶었고, 학교의 최고이고 싶었다. 공부는 애초에 할 마음이 없었으니 대신 최고로 멋지게 노는 대학생이고 싶었는데 내 의도와는 완전히 달리 반년이라는 시간이 흘러가버린 것이다. 엎친 데 덮친 격으로, 이제 몇몇 사람을 빼고는 과 사람들을 봐도 아예 인사를 안 하고 다니니 선배들 사이에서도 나에 대한 말이 하나둘씩 나오기 시작했다.

저놈은 뭔데 선배 보고도 인사를 안 하느냐는 식이었다. 하지만 그건 그렇게 큰 신경이 쓰이진 않았던 것 같다. 어차피 나 빼고 다 제대로 놀 줄도 모르는 병신들이니까. 그리고 뭣하면 그냥 학교를 때려치우려는 생각도 가지고 있었다. 난 1학기가 다 지나도록 러시아어 알파벳인 끼릴 문자조차도 제대로 못 외우고 있었다. 더군다나 내가 있는 이 세계는 상상 속 논스톱 시트콤 세계에선 너무나도 당연히 존재했었던 마법의 족보 따위도 없었다. 그런 상황이니 내가 좋은 성적표를 받았을 리가 없다.

모택경 역시 그 당시 여철우 킹덤의 궁정 삐에로 같은 역할로 대활약 중이었지만, 그래도 나와 아주 소원해진 것도 아니었다. 우리는 어쩔 수없이 서로 통할 수밖에 없는 무언가가 있었다. 그 무언가가 뭔지는 지금 생각해봐도 아리송하다. 사실 겪어보면 겪어볼수록 정말 얘라는 인간을 잘 모르겠다고 생각했던 사람이 택경이다. 첫인상은 굉장히 알기 쉽고 단박에 A부터 Z까지 다 파악할 수 있을 것 같다가도, 오래 지내다 보면 도대체 얘가 왜 이 타이밍에 이런 생각을 하고 이런 행동을 할까 이해가 안 갔던 적도 굉장히 많은 것 같다.

 하여튼 그 아이와 나와의 가장 큰 공통분모는 크게 두 가지였다. 하나는 여자를 무척 좋아한다는 것이었고, 또 다른 하나는 내수경제가 아닌 해외 진출, 즉, 바깥으로 뻗어나가 교류망을 만들어야 한다는 생각이었다. 그렇기 때문에 종종 그 아이와 나 둘이서 어울릴 때가 있었다. 대학생이 되고 나서 맨 처음 가본 나이트클럽이 그랬다. 택경이 말로는 자기는 이미 나이트클럽을 숱하게 가봤고, 절구통에 금이 갈 정도로 떡도 많이 쳐봤다고 했다. 그래서 홧김에 확 나도 그렇다고 해버렸다. 익산에 몬타나라는 클럽에서 나를 모르면 간첩이라고 말했다. 물어볼 것도 없이 그건 개뻥이었다. 걔도 내가 시답잖은 뻥을 치는 걸 어렴풋이 눈치챈 것 같았다.

 하지만 택경이는 그걸 전혀 신경 쓰지 않았다. 나는 택경이의 그런 점이 좋았다. 그게 뭐 중요하냐? 지금 여길 확 조져

버리는 게 중요하지. 비록 행동은 그렇지 않을지언정 그런 식의 조폭같이 화끈한 마인드가 마음에 들었던 것 같다. 그래도 어느 정도 자신감은 있었다. 고등학교 삼 년 내내 여자 치맛자락 한 번 제대로 스쳐본 적도 없지만, 그래도 수능을 치고 나서는 여자들도 곧잘 부지런히 만났고, 익산을 뜨기 전 크리스마스 때는 여자애들과 무려 8 대 1로 (앞으로 내게 있을 온 인생을 통틀어서라도 그런 일은 다시없을 것이다. 아, 하나님. 멋진 추억을 주셔서 감사합니다) 술 마시며 놀아본 적도 있기 때문이다.

하지만 결론적으로 우리는 단 한 번의 그럴싸한 수확 없이 매번 허탕을 쳤다. 택경이가 여자 경험이 많대서 은근히 기대를 했건만, 여간 실망스러운 게 아니었다. 택경이는 항상 내 외모에 대한 지적을 했다.

야, 눈썹 좀 다듬어. 진짜 지저분해 죽겠다. 넌 그 옷은 별로 안 어울려. 이런 거 입는 게 훨씬 나아. 아니 그보다 창주야, 그 바야바 같은 머리 좀 어떻게 안 되겠냐? 징그럽다야. 그렇게 잔소리를 해대면서 마치 연예인들을 메이크업해주는 것처럼 내 얼굴에 뭔가를 덕지덕지 발라주기도 했고, 자기가 가진 옷 중 그럴싸한 것들을 빌려 주기도 했다. 택경이는 생긴 것과는 달리 미용에 대한 지식이 굉장히 빠싹했다.

난 이제까지 살면서 남자의 가방에서 그렇게 많은 화장도구가 나올 수 있을 것이라곤 전혀 생각지도 못했다. 심지어 우리 엄마 화장대에서조차 쉽게 찾아볼 수 없을 만한 생전 보지도 못한 별의별 것들이 다 들어 있었다. 분명히 하는 행동을 보면 성적 취향이 유별난 아이는 아닌 것 같은데, 이런 미용도구들을 가방에 짊어지고 다닌다는 게 신기했다.

 그리고 난 '키높이 깔창'이라는 게 이 세상에 존재한다는 것도 그 아일 만나고서 처음 알게 되었다. 택경이는 안 그래도 기본 굽이 높은 구두에(90년대 미국 영화에 나오는 남창들이나 신고 다닐 법한 갈색 부츠였다) 마치 지금 막 개업한 수제버거집의 햄버거 패티처럼 두꺼운 깔창을 그 안에다 꾹꾹 쑤셔 넣고 그 위로 발을 욱여넣어 올라타고 다녔다. 동춘서커스 삐에로 곡예사가 긴 장대 두 개를 이용해서 높은 공기를 휘적휘적거리고 다니듯이 말이다. 다리는 거인이 잡아 힘껏 늘여뺀 것처럼 길죽한데, 짧동한 두 팔을 망뚱망뚱거리며 걷는 게 무척이나 우스웠다.

 하지만 그건 내게 큰 이슈가 아니었다. 모택경이 몬타나에서 나를 모르면 간첩이라는 내 개구라에 전혀 신경 쓰지 않았듯이, 나 역시도 그 아이의 깔창을 신경 쓰지 않기로 했다. 그래서 남들이 보기에 우리 둘은 꽤 잘 어울리는 친구 같아 보였을 것이다. 그리고 실제로도 그랬다. 난 내 생에 이런 양아치 친구가 난생처음 생긴 것에 대해 모종의 뿌듯함도 가지고 있었다. 물론 고등학교를 다닐 때도 양아치 친구들은 항상 있었다.

하지만 같은 회사더라도 지방 분점과 수도권 본점의 위엄은 극히 다르다. 난 대한민국에서 가장 역동적인 트렌드와 정서를 가진 양아치 친구를 사귀게 된 것이다. 그 당시에 내가 애초에 말도 안 되는 허세 같은 것을 잘 부렸다면, 택경이는 어쩌면 진짜 얘가 정말 그래봤을지도 모르겠다라고 생각이 들 법한 그럴듯한 허세를 잘 부렸던 것 같다. 가령 고등학교 때 겪었다는 여자 친구와의 섹스 에피소드가 그랬다. "고딩 때 별명이 '방크'였던 여자 친구가 있었단 말야. 말 그대로 방뎅이가 존나 큰 애였지. 암튼 걔랑 이것저것 안 해본 게 없었는데, 그중에서 제일 골 때리는 게 뭐였는지 아냐? 우리, 지하철에서 해봤어. 그래, 빠구리 말야."

"지하철에서?"

내가 도로에서 갑자기 뛰어드는 고라니를 본 것보다 더 놀란 표정으로 물었다.

"일본 야동에서 나오는 것처럼 말여?"

"아니, 그렇게 대놓고는 아니고. 다른 칸으로 넘어가는 사이 연결칸이 있잖아. 거기서 삼 분 정도 했어."

"아, 아니, 어떻게?"

나는 그다음을 곧바로 듣지 않으면 이 진귀한 이야기가 금세 허공으로 산화되어 사라져 버리기라도 할 것처럼 택경이의 팔을 흔들어 재촉했다. 택경이는 간식을 기다리는 참을성 없는 다섯 살 꼬맹이처럼 동동거리는 내 모습이 우스운지 연신 킥킥대며 뜸을 들였다.

"아이 시벌놈아, 말을 할람 좀 빨리 혀!"

"알았어 개새끼야. 존나 늦은 시간이었거든. 우리 둘이 독서실에서 공부를 하다가 거의 막차를 탔는데, 마침 그날따라 지하철 안에 사람이 아무도 없더라고. 수능이 얼마 안 남은 때라 걔나 나나 둘 다 스트레스가 이만저만이 아니었지. 여러모로 빡치는 일이 많아서 그랬나? 뭔가 정신 나간 짓거리를 해보자는 생각이 퍼뜩 들더라고, 왠진 모르겠지만. 문득 여기서 하면 기분 끝내주겠단 생각이 들었지. 그래서 다짜고짜 걔 손을 붙잡고 연결칸으로 헐레벌떡 뛰어갔단 말이야."

"그래서? 아, 그래서 뭐? 빨리 본론을 말 혀봐!"

"아, 새끼, 겁나 급하네. 너 그렇게 급하게 하면 빨리 싸. 여자들이 싫어해. 조루 새끼라고 한단 말야. 천천히 클라이막스에 오를 때까지 절차를 밟아야지."

"아이 시벌놈 진짜!"

이제는 정말로 화가 나기 시작했다.

"알았어, 알았어. 암튼 걔가 토끼 눈을 뜨고 존나 놀란 표정으로 뭐 하냐고 나한테 묻더라고. '여기서 하자'. 내가 이렇게 말했지. 뭐, 당연한 반응이겠지만 미쳤냐고, 돌은 기 이니냐고 묻더라고. 근데 말야, 이미 걔도 잔뜩 흥분했단 걸 알 수 있었지. 말은 그렇게 하면서도 이미 눈동자는 우리 주위에 누가 있나 없나 살피려 바쁘게 움직이고 있더라고."

나는 목 울대에 침을 넘기는 시간도 아껴가며 택경이의 말에 경청했다.

"'아무도 없어'. 내가 말을 마치자마자 그게 무슨 실행 명령어라도 된 것처럼 우린 서로 덮치다시피 키스를 했어. 이미 내 건 아궁이에 들어간 쇳덩어리보다 더 뜨거워진 상태고......."

"아야, 네 건 드러워서 듣기 싫응께 그 여자 걸 이야기 혀!"

"너 자꾸 그러면 나 그냥 얘기 안 한다?"

몇 번의 읍소 끝에 택경이를 조르고 졸라 끝까지 듣게 된 그 이야기는 정말이지 엄청났다. 치마가 찢어질 듯이 우악스럽게 벗겨내고 뜨겁게 예열된 질 속에 페니스를 넣었다고 한다.

서로의 것이 어찌나 뜨겁게 데워져 있던지 한겨울임에도 불구하고 하는 내내 각자의 이마에서 구슬땀이 흐를 정도였다고 한다. 함께 몸이 움직일 때마다 마치 따스운 온천물에서 물놀이를 하는 것처럼 철벅철벅 소리가 났다고 한다. 지하철이 덜컹거릴 때마다 격렬한 몸짓에 절정이 더해졌고, 그럴 때마다 사정을 참느라 혼쭐이 났다고 한다.(콘돔을 끼지 않은 상태였다) 그리고 마침내, 택경이는 여자애의 엉덩이를 두 손으로 쥐어짜듯이 움켜쥐고 페니스가 벽에 닿는 게 느껴질 정도로 깊숙이 넣은 뒤(이때 여자애는 입을 틀어막으며 참고 있던 신음을 결국 이겨내지 못해 폭발하듯이 터뜨렸다고), 간

발의 차라고 싶을 정도로 아슬아슬하게 질외사정을 했다고 한다.

 탐험이 끝난 택경이의 페니스에서는 맑고 투명한 정액이 정직한 공사 현장 인부의 땀처럼 뚝뚝 흘러내리고 있었고, 여자애는 다리를 부르르 떨며 자리에서 주저앉았다고 한다. 어찌나 만족스러운 섹스였던지 둘을 끝나고 나서도 벌겋게 달아오른 얼굴로 진한 포옹을 했다고.
"시벌, 대박이다."

 머릿속에 세이브해놨다가 집에 가서 마스터베이션 소재로 써먹어도 될 정도로 화끈한 이야기였다. 하지만 머리뼈가 훨씬 굵어진 지금 와서 생각해보면 그게 사실이라고 하기에는 너무 현실성과 개연성이 없어 보인다. 만약에 그게 사실이었다면, 택경아, 넌 정말 여러모로 대단한 놈이야.

 아무튼 나는 걔의 허세에 잘 속아넘어갔다. 정말 그럴듯했기 때문이다. 하지만 다른 애들은 그렇게 생각하지 않았던 모양이다. 여철우 왕국은 그런 모택경을 서열에서 한참 밀려난 서자 취급했다. 버리자니 이 광대 놈이 우릴 즐겁게 해줄 것 같긴 하고, 그렇다고 취하자니 이 광대 놈이 너무 말도 안 되는 허세로 우리 심기를 거스르게 하고. 아마도 거의 이런 느낌이지 않았을까.

겉도는 주변인인 내 눈에 보일 정도로 택경이를 따돌릴 때가 많았다. 가령 그들끼리 어디에서 모이기로 하면, 택경이에게만 연락을 하지 않는다든지 하는, 아주 단순하면서도 치졸한 그런 행동들 말이다. 그런데 참 신기했던 것은 택경이는 그걸 알고서도 아주 넉살 좋게 행동했다는 거다.

"뭐야, 너네 어제 왜 또 나 빼놓고 놀았냐? 내가 전화하라고 했잖아!"

이런 식으로 능글맞게 미소 지으며 욕지거리도 조금씩 섞어가며 능청을 부리는데, 난 그런 모습을 보면서 조금은 존경스럽다는 생각까지 들었다.

당시에 난 남의 대한 평가, 특히나 같은 동성에 대한 평가는 무척이나 짜게 하는 편이었다. 그래봐야 쥐뿔 남는 것도 없다고 생각했기 때문이다. 하지만 택경이의 그런 모습만큼은 멋있다는 생각도 했던 것 같다. 하지만 굳세어라 택경이의 넉살은 한계가 분명히 있었다. 여철우 킹덤의 주인은 응당 여철우였는데, 안타깝게도 그 고매하고 명망 높으신 여철우님께서 택경이를 무척이나 싫어했기 때문이다. 어느 정도 싫어했냐면 이름만 나와도 미간에 똥을 처바른 것처럼 인상을 팍 쓰고 앉아있을 수준까지였다.

그리고 다른 이들을 선동해서 택경이와 멀리할 것을 은근하게 지시하기도 했다. 그래서 난 여철우가 더욱더 싫었다. 사람 가려가며 대하는 교활한 습성을 가진 게 분명하다고 생각했던 내 직감 아닌 직감이 확실히 맞아떨어진다는 확신이 들기도 했고, 무엇보다 그 사실을 나를 빼곤 그 아무도 모른다는 사실에 더 열이 받았다.

 그래서 나라도 여철우를 마음껏, 손오공이 원기옥을 모으듯이 세상에 혼재하는 모든 증오의 감정을 마음속 동심원 에너지로 모아 싫어해야만 했다. 난 그의 열렬한 안티팬이었다. 그 자식을 싫어할 이유를 논술하는 것으로 시험을 친다면 A+ 도 아닌 S라도 받을 자신이 있을 정도였다. 하지만 도무지 그 튼튼한 난공불락의 성을 무너뜨릴 방도가 없었다.
 나 하나 따위 미미한 영향력. 고작 성냥불 하나로 마녀를 불태워 죽이겠다고 설치는 꼴과 다름없었다. 그러나, 어느 날 갑자기 그 빈틈없던 왕국의 벽에 작은 돌 부스러기들이 떨어져 있는 것을 발견할 수 있었다.

 여철우 왕국의 벽에 금이 가기 시작했던 것이다.

잘생긴 놈이 망가지는 거, 그거 참 보기 좋은 거 :D

2019 현재

10. 내 가슴이 말하는 대로 움직여야 행복한 거니까

 어릴 때 내가 존경하는 인물은 거의 다 실존 인물이 아니었다. 내가 동경하는 사람들은 모두 다 책이나 만화, 영화 속에 나오는 허구의 인물들이었다. 나에게 가장 강렬한 인상을 남겨준 캐릭터는 다름 아닌 늙지도 병들지도 않고 늘 같은 모습으로 매년 크리스마스마다 꾸역꾸역 얼굴을 내비치는 국민 외화 나 홀로 집에의 주인공 케빈이다.

 나는 나 홀로 집에 2편을 어렸을 때 엄마와 형과 함께 비디오로 처음 봤다. 영화의 주인공 케빈을 보면서 나는 아마도 케빈이 이 세상을 통틀어 가장 영리한 아이임에 틀림없을 거라는 생각을 했다. 무엇보다 그 아이의 말재간이 무척이나 흥미로웠다. 애어른 가리지 않고 따박따박 말대꾸를 하는데, 그 말대꾸가 버릇없어 보인다기보다는 무척 재치 있다고 느꼈다. 그리고 오직 맨 몸뚱아리 하나로 다 큰 범죄자 듀오를 온갖 기상천외한 방법으로 혼쭐 내주는 것도 무척이나 통쾌하고 쿨하다고 생각했다.

그냥 내겐 그 아이가 하는 모든 행동들이 전부 다 멋져 보였다. 그 이후로 난 거의 한 마디도 거르지 않고 말대꾸를 해대고 다녔다. 영화 속 주인공의 말과 행동을 따라 하기 시작한 것이다. 엄마는 느닷없이 말대꾸를 해대는 나의 변화가 무척이나 당황스러웠는지, 진지한 표정으로 그렇게 행동하지 말라고 했다.

하지만 난 그러지 않았고, 그 결과 이 나이 먹도록 아직까지 케빈이 전수해준 말대꾸를 즐기고 있다. 어렸을 땐 그야말로 '말대꾸 = 멋진 것'이라고 생각했기 때문에 상대방의 기분은 전혀 배려하지 않고 마치 경연 대회라도 나온 사람처럼 '이 사람이 무슨 말을 하면, 난 이렇게 받아쳐야지.'라는 생각에 즐거워하며 미리 말대꾸 준비를 해두었다. 그래서 학창 시절엔 선생님들에게 무척이나 많이 맞았고, 미움을 샀던 것 같다.

무슨 말만 하면 말꼬리를 물고 말장난을 해댔으니 무척이나 다루기 피곤한 아이 중 한 명이었을 거다. 요즘 세대의 아이들이 그런 대우를 당하면 거의 나라에서 들고일어나 대서특필할 정도의 사건이지만, 그 당시는 선생님들 사이에서 아이들 뺨다귀를 맨손으로 한두 대 정도 후려치는 건 그냥 간단한 수위의 훈육 정도로 인식되던 시기였다. 내가 초등학생이었을 때는 급식시간마다 잔반을 관리하는 급양 감독관 역할을 맡은 선생님이 있었다. 쉽게 말하자면 급식소 버전의 학생주임 선생님인 것이다. 급양 감독관 선생님 역할은 보통 이제는 이곳의 생활에서 두려울 게 없는 말년의 자락에 들어선 나이 지긋한 남자 선생님들이 주로 도맡아 하곤 했다. 그래서인지 급양 감독 선생님은 무척이나 무서웠다.

모든 아이들이 급식을 먹고 나서 급식판을 반납할 때마다 거의 단 한 명도 빠지지 않고 그에게 잔반 검사를 맡아야만 했다. 쌀이라도 한 톨 남겨져 있는 게 보인다? 그럼 바로 호랑이 같은 엄한 목소리로 '다시 돌아가서 깨끗이 싹싹 긁어 먹어'라고 호통을 쳤다. 그럼 아이들은 마치 벼락에라도 맞은 것처럼 온몸을 벌벌 떨며 자리로 되돌아갔다. 그래서 모든 아이들이 자의 반 타의 반으로 먹기 싫은 반찬까지 꾸역꾸역 먹어야만 했다. 비빔밥이 나왔던 날이었다. 아저씨가 된 지금이야 건강음식이라면 없어서 못 먹지만, 그 당시 난 야채라면 거의 경기를 일으킬 정도로 싫어했다.

그건 사실 어떤 지역의 꼬맹이나 마찬가지일 것이다. 그 와중에 눈앞의 이 비빔밥이란 건 그야말로 내가 먹기 싫은 채소를 한 그릇에 몽땅 총망라해놓은 끔찍한 악몽만 모아놓은 기담집 같았다. 배는 고파서 먹기는 하는데 도저히 이걸 다 비워낼 자신이 없었다. 그래서 나름대로 머리를 썼다. 조금씩 조금씩 퍼내서 된장국에 빠뜨려 보이지 않게 위장하는 것이었다. 늪지대에 매복한 해병대처럼 말이다.

 하면서도 택도 없는 방법이라고 생각했지만 그래도 어떻게든 넘어가지 않을까 생각했던 것 같다. 그리고 아이들이 한꺼번에 잔반통으로 확 몰려드는 타이밍을 노려 그 무리와 함께 자연스럽게 바깥으로 벗어나려는 계획까지 세웠다. 하지만 나름 치밀하게 설계했던 계획은 급양 감독 선생님의 날카로운 눈썰미에 여지없이 간파당해버렸다. "너 이거 뭐야." 급양 감독 선생님이 말했다. 난 아무 말도 하지 않았다. "돌아가." 이 양반이 돌아가라는 말의 의미를 굳이 묻지 않아도 알 수 있었다. 싹 다 뱃속으로 비워 넣고 다시 돌아오라는 말이었다. 하지만 비빔밥은 이미 흙탕물같이 누리끼리한 된장국 속으로 푹 빠져버린 상태였다.

 이걸 먹으라는 건 그냥 쓰레기를 먹으라는 것과 다를 바가 없었다. 그때 생각하면 내가 왜 그런 정신 나간 말대꾸를 했는지 모르겠다. 하지만 난 그때도 기어이 나의 멘토 케빈을 떠올리며 매우 천진난만한 표정으로 급양 감독 선생님께 이렇게 말했다.
"얘(비빔밥)는 똥물에 빠져서 이제 돌아갈 곳이 없데요."
 그 말을 마치자마자, 뭔가 엄청나게 뜨거운 불똥이 튀는 듯한 느낌이 들더니 별안간 눈앞에서 별이 보이기 시작했다. 나는 바닥에 픽 쓰러졌고, 내가 쓰고 있던 안경은 마치 올림 픽 체조선수처럼 요란하게 공중제비를 돌며 허공 위를 날고 있었다.

"버르장머리 없는 새끼!"

급양 감독 선생님이 한 대거리한 것이다. 내가 뭐 금이야 옥이야 상처 나면 후시딘 하며 귀하게 자라난 옥동자는 아니었거니와, 그 시절 여느 애들이 그렇듯이 잘못하면 맞고 자라기도 했었지만, 장담컨대 살면서 뺨다귀를 누군가에게 그렇게 세게 후려맞은 적은 없었다. 그래서 그 충격이 엄청났다. 그렇게 한 대 후두려 맞고 나니 나의 멘토 케빈은 이미 내 머릿속에서 줄행랑을 치고 달아난 채 흔적도 보이지 않았다.

**나의 멘토 케빈은 이후로도 계속
이런 상황에 맞닥뜨릴 때마다 줄행랑을 쳤다. 망할 놈의 케빈.**

하지만 그건 앞으로 수없이 후두려 맞을 내 미래의 중, 고등학교 스승들의 주먹과 매 맛을 미리 스케치하듯이 보여준 몸풀기나 다름없었다.

 어떻게 그렇게 많이 맞으면서도 기어이 말대꾸를 끊지 않았는지 모르겠다. 하지만 이제 와서 생각해보니, 나의 말대꾸하는 버릇은 내 인생에 썩 나쁘지 않은 도움이 된 것 같다. 그런 습관은 내게 비판적인 사고를 길러줬다. 무조건 남이 하란다고 하거나, 우리 사회와 주변에서 일어나는 불합리한 것들이 당연하다는 생각에 정면으로 맞서는 용기를 키워준 습관이었다.

 어렸을 때부터 줄곧 일관되게 생각해오기도 했지만, 나이가 많다고 무조건 어른 대접을 받는다는 건 말이 안 된다고 생각한다. 때론 나도 나이에 맞지 않는 짓거리를 한다면 응당 아랫사람에게라도 조인트를 까여야 한다고 생각한다. 그래야 두 번 다시 볼썽사나운 실수나 행동을 하지 않는다. 결국에 또 꼰대 같은 사회 비판 얘기지만, 어차피 출산율은 점점 더 떨어지고 있고 결혼은 빛 좋은 개살구라고 생각하는 청춘 남녀들이 허다하니, 고령화 사회는 예견된 수순이나 다름없다. 쉽게 말해 쉰내 나는 구부정이들로 붐비는 대한민국이 될 거라는 말이다. 나는 점잖게 나이 먹은 구부정이가 되고 싶다.

제아무리 새파란 꼬맹이어도 나를 혼낼 거리가 있다면 기꺼이 혼나는, 그리고 잘못된 것을 고치는 어른다운 어른이 되고 싶다.

과거　　　　　　　　　　　　　　2007

　아무리 생각해봐도 지금 이 상황을 타개할 방법이 없었다. 절대적인 권력을 가진 강력한 집단에 혈혈단신으로 맞선다는 것은 현실 세계에서 쉽게 상상할 수 없는 일이다. 그런 건 2갑자는 훌쩍 뛰어넘는 무림 고수들이나 할 수 있는 일이다. 그래서 조금은 생존전략을 바꾸려는 노력을 했다. 여철우를 받아들이자. 즉, 이 거대한 체재에 굴복하자는 마음이었다. 은근슬쩍 그들의 술자리로 흘러 들어갔다.

　사실 이 부분에 대해서는 정확한 기억이 없다. 앞서도 몇 번 말했듯이 내 기억력은 엄청나게 좋지 않다. 하지만 이 장면만큼은 확실히 기억난다. 여철우 왕국의 성대한 술잔치에 참석한 나는, 마치 개구기를 입에 착용한 치과 환자처럼 억지로 활짝 웃는 미소로 왕국의 수하들에게 한 번씩 찾아가 인사를 한 것 같다. 온몸, 손바닥에 식은땀이 나서 미칠 지경이었다. 긴장되기도 했고 후회되기도 해서 안절부절할 수밖에 없었기 때문이다.

그냥 집에 돌아갈 걸 그랬어. 이런 데가 나랑 어울리지 않는다는 건 이미 잘 알고 있었잖아. 그런 후회가 내 마음속에서 수천 번도 더 드는 시간이었다. 그 자리에는 역시 강주담 누나가 보였다. 내 기숙사에 황윤빈을 쌀 포대 뉘여 놓듯이 버리고 간 그 누나 말이다. 그 누나는 내가 이런 자리에 있는 게 무척이나 의외라는 듯한 표정으로 내게 이런저런 말을 걸었다. 그리고서 그 누나는 내게 이렇게 물었다.

"프리미어 리그 보냐?"

그 누나는 내게 이 질문을 하면서, 마치 오디션 프로그램 참가자의 떡잎을 알아보려는 심사위원이라도 된 듯한 날카로운 눈빛을 보냈다. 난 굳이 되묻지 않아도 이 눈빛의 의미를 캐치할 수 있었다.

"네 그럼요, 긱스 좋아해요."

난 축구의 축자도 모를 만큼 볼 차는 것에 관심이 없었다. 하물며 프리미어 리그는 무슨 팀이 있는지조차도 몰랐다. 하지만 어디서 주워들었는지 긱스라는 선수는 어렴풋이 알고 있었고, (그나마 그 긱스라는 선수가 무슨 팀에 속해있는지조차도 몰랐었다) 난 결국 그렇게 대답해버리고 말았다.

 별 거 아니라고 생각할 수도 있겠지만, 난 무척이나 치욕스러웠다. 누군가의 눈에 들기 위해 있지도 않은 내 아이덴티티를 포장해서 갖다 바쳐야 한다니. 이 순간 나는 마치 예수의 피와 살을 본디오 빌라도에게 팔아넘긴 가룟 유다가 된 듯한 기분이었다. 주류 집단에 속하기 위해, 더 이상 외톨이가 되지 않기 위해. 그때 난 그 자리에서 단순히 알랑방귀를 뀐 것이 아닌, 내 영혼을 팔았다고 생각했다. 정말 그렇게 생각했다. 그래서 수치스러움과 동시에 암담한 느낌이 들었다.

 사실 내가 여철우 왕국의 술자리에 슬며시 끼게 된 것은 택경이의 도움이 컸다. 택경이가 다리를 놔준 것이다. 지금 와서 생각해보면 택경이는 나를 참 이래저래 잘 챙겨주었다.

난 뭔가 불안해질 때마다 거의 술집 호출 벨을 누르듯이 택경이를 불러 같이 담배를 피우자고 하거나 말을 걸어 대화를 나누려 했다. 난 그 시절 사교계라는 게 이렇게 진력이 딸리는 일이라는구나라는 것을 여실히 느꼈다. 마치 엄청난 대인기를 누리고 있는 시트콤의 시즌 중간에 합류한 얼뜨기 단역이 된 듯한 느낌이었다.

내 역할을 이 사람들에게 어떻게 설명해야 될지 감이 잡히지 않았고, 이 사람들이 이 상황에서 왜 웃는지도 몰랐으며, 이 사람들의 말이 마치 스타 트랙에 나오는 클링온어보다 더 낯설게 들렸다. 하지만 그것도 시간이 지나니 점점 익숙해졌던 것 같다. 조연 정창주. 내 포지션을 딱 그 정도로 설정해 놓으니 왠지 마음이 편해졌다. 적당히 있는 듯 없는 듯 묻어간다.

술자리가 생기면 귀찮고 싫더라도 얼굴은 꼭 내비친다. 여철우의 밑을 그가 불쾌하지 않을 정도로 적당히 빨아준다. 가령, 형은 참 옷을 어른스럽게 입는 것 같아요 ('아니, 이건 사실 존나 개뻥이야. 길거리에 부랑자가 의류 수거함에 짱박힌 쉰내 나는 누더기를 걸쳐 입어도 너보단 잘 입을 거야.'라는 진심을 숨겨둔 채) 라는 칭찬을 한다거나, 형, 이제 보니 약간 탤런트 박해일을 닮은 것 같은데요? ('니 그 삐뚜룸하게 튀어나온 주둥아리를 공업용 망치로 있는 힘을 다해 세게 후려칠 수만 있다면 학고를 네 번도 더 맞을 수도 있겠다.'라는 본심을 억누른 채)라는 칭찬을 해주는 것이다. 나는 인간 비데처럼 그의 밑을 시원하게 빨아 주었다.

그런 노력이 쌓이고 쌓여, 난 여철우에게 있어 '친해질 마음은 없지만 알고 지내기엔 그럭저럭한 동생' 정도의 위치까지 자리 잡을 수 있었다. 왠지 뿌듯한 기분이 들었다. 마치 저금통에 동전을 차곡차곡 집어넣어 피자를 시켜 먹을 돈을 모은 꼬마 우량아가 된 듯한 기분이었다.

하지만 동시에 굴욕적인 느낌도 들었다. 이렇게까지 하며 살아야 되나. 하지만 여철우의 파워만큼은 무시할 수 없었다. 그는 정말 사람을 잘 다룰 줄 아는 인물이었다. 상대방의 내면에 비밀스럽게 숨겨져 있던 의표를 확 찔러 경악하게 하다가도, 갑자기 태도를 싹 바꾸어 봄 내음 같은 세심함을 풍기기도 하는, 변화무쌍한 사내였다. 내 기억으로 윤빈이가 그런 여철우의 카리스마에 반해 마치 애완용 고양이같이 알랑거리며 붙어 다녔던 것 같다.

일권이도 여철우를 대단히 세심하고 좋은 형이라며 무척이나 잘 따랐다. 여철우가 정말 대단하다고 느꼈던 것은, 페트와 매트보다 더 쌍둥이 같은 남일이 형과 찬수 형도 여철우 옆에만 있으면 뭔가 달라 보였다는 것이다. 그 두 사람은 여철우 왕국의 영토 내로 발을 붙이기만 하면 무척이나 수려한 말솜씨를 뽐내는 젠틀맨이 되었다. 특히 남일이 형이 동기 여자들에게 하는 뻔뻔하고도 느끼한 멘트는 정말 경악을 금치 못할 정도로 반전이었다. 다들 학기 초엔 입도 벙긋 안 하던 사람들이 어떻게 이렇게 변한 걸까? 여철우는 혹시 나를 시험에 빠뜨리려 나타난 엄청난 마력을 지닌 인간을 초월한 악마 같은 존재가 아닐까? 그런 생각까지 들었다.

여철우는 볼트론의 몸체 같은 존재였다. 그가 입만 벙긋하면 나머지 수족들이 자기에게로 자석처럼 끌려와 다다닥 붙어 거대한 완성체를 만들었다. 이런 거대 로봇 볼트론을 주전자 깡통로봇 같은 허접스런 내가 이겨먹으려고 했었다니. 난 남몰래 해왔던 그 짧지 않은 시간들의 투쟁들이 너무 바보 같았다는 생각을 했다. 여철우 왕국이라는 거대한 세계를 받아들이고 나서, 나는 점점 달라지기 시작했다.

2019　　　　　　　　　　　현재

11. 명심할 것, 좋은 어른이 되려면 현재를 사랑해야 해

 춤춰보지 못한 꼬마는 좋은 어른으로 성장할 수 없다. 사회생활을 하면서 주관적으로 느낀 점이다. '늦바람'이라는 말이 있다. 그야말로 때가 늦은 바람에 자기 몸을 실어 이리저리 가벼이 흘러 다니고 유랑하는 행위를 말한다. 대학교 졸업 이후 사회생활을 하고 비즈니스를 하면서, 나는 이 늦바람에 든 어른들을 굉장히 많이 만나봤다.

 그들은 무척이나 동전의 양면 같은 모습을 보여주었다. 비즈니스를 할 때는 마치 장례식장 조문객같이 엄숙한 표정을 지으며 어디서 듣도 보지도 못한 어려운 용어를 써가며 자기네 회사가 나아가야 할 길에 대한 일장연설을 하다가도, 해가 지고 밤이 되고, 술이 들어가면 낮에 보았던 그 모습은 온데간데없어졌다. 부하 여직원에게 치근덕거리는 건 기본이거니와 가라오케에 가서 윤락여성들을 부르는 그들의 모습을 보며 난 저 사람들이 정녕 낮에 보았던 그 어른들이 맞는가

하는 충격을 받았다. 나이가 지긋이 든 어른들인데도 그런 모습을 보인다는 게 무척이나 나를 당황스럽게 만들었다. 그들의 생김새는 천차만별이었지만 어딘가 모르게 한 가지 공통점이 있었다. 그 사람의 깊은 정신세계 속 어딘가가 정체되어 있다는 것이다. 한 마디로 크다 만 듯한 느낌이 드는 면모를 보일 때가 있었다.

 사실 나는 누구나 다 마음속에 순수한 어린이의 모습을 가지고 있다고 생각한다. 하지만 내가 지금 말하는 그들의 정신세계는 순수한 어린이의 모습이 아니었다. 억압당하고 통제받아 영혼이 병든 유년 시절의 모습이 그들에게서 투영되었다. 그런 모습은 이따금씩 그들과 사담을 나눌 때 느낄 수 있었다. 나는 직장 생활을 할 때 동료들과 가까이 지내는 것을 별로 선호하지 않았기 때문에 (나는 지금도 직장생활에서만큼은 공과 사의 관계를 뚜렷이 하는 편이 좋다고 생각하는 주의다) 그들과 대화를 그렇게 많이 섞어본 것은 아니지만, 결국 업무 외적인 얘기랍시고 한다는 것들이 죄다 한심하기 짝이 없는 이야기 일색이었다. 내게 영감을 주지도 않고, 멋지지도 않고 그렇다고 대담하지도 않은 더럽고 추잡한 이야기들.

 "어젠 마누라한테 그만 확 들켜 버릴뻔했지 뭐예요? 립스틱 자국이 묻었다나. 그래서 에라 모르겠다, 하는 심정으로 무조건 아니라고 잡아뗐죠. 정색을 팍 하면서 말이에요."

"잘했다 현 팀장, 당분간 프사는(카카오톡 프로필 사진) 니 마누라랑 같이 찍은 걸로 해놔. 그나저나 어제 걔는……. 진짜 죽이더라, 기지?"

각자 조강지처가 있는 영업 3팀 조 팀장과 4팀 현 팀장은 간밤에 다녀온 룸살롱 얘기로 시시덕거리는 와중에 시선은 지나가는 유 대리의 봉긋한 엉덩이에 고정되어 있다. 그리고 마치 생일날 진수성찬을 보듯이 혀를 날름거리며 입맛을 다신다. 멋대가리 드럽게 없는 이야기들을 엿듣고 있자니 담배 맛이 팍 떨어진다. 나는 얼른 한 모금 깊게 들이 빤 뒤 그 불쾌한 골짜기를 벗어난다. 뭔가 많이 놀아본 나를 무척이나 동경하는 듯한 느낌도 받았다. 나는 직장 동료들과 깊은 관계를 맺고 형 동생 하는 것에 대해 전혀 관심이 없었지만 굳이 내 모습을 감추지는 않았다.

그래서 가끔 사담을 나눌 때면 내 대학시절에 대한 이야기를 해주곤 했다. 그럴 때마다 그들은 마치 나를 메이저리그 투수라도 보는 것 마냥 동경하는 눈빛을 보냈다. 그리고 이렇게 하면 여자를 잘 꼬실 수 있는지, 다음에 자기와 술자리를 가면 여자를 꼬셔줄 수 있는지 매우 진지한 표정으로 물었다.(입사 초때는 결국 그렇게 이끌려 여자 번호를 대신 따준 적이 있기도 하다) 물론 내가 이제는 여자를 밝히지 않는 점잖은 어른이 되었다는 말은 아니다. 난 아직도 길거리에서 예쁜 여자를 볼 때면 마치 뜨거운 주전자에 손을 데인 것처럼 "오, 씨발"이라는 감탄사를 (오해할까 봐 미리 알려두지만 이 감탄사는 내게 있어 단순한 비속어라기보다 경탄의 최고급 형태로 즐겨 쓰인다) 육성으로 내뱉고, 인스타그램에서 유명한 화제의 인플루언서들을 보면서 꼴딱 밤을 새우기도 한다.

하지만 난 적어도 이중적인 모습을 보이지는 않는다. 응큼하게 아닌 척하지 않는다.(그냥 대놓고 응큼하게 행동한다) 싫다는 여자에게 추근덕대지 않는다. 아들딸 아내 애인 두고 가라오케에 가거나 윤락행위를 하지 않는다. 없어 보이게 사랑과 섹스를 돈으로 살 치려 하지 않는다. 어린 시절 마음껏 놀지 못한 것에 대한 때늦은 분풀이. 난 그들의 이중적인 모습을 보며 그런 생각을 했다. 내가 이제까지 봐 온 늦바람 든 어른들은 솔직히 멋이 없었다. 생김새를 떠나서 그냥 멋이 없었다.

이미 가마 안으로 들어가 단단하게 형태를 갖춰 버린 도자기를 꺼내 뜬금없이 몸통에 꽃을 붙이거나 허리도 날씬하게 우그려뜨려 보거나 주둥이를 날렵하게 만들어봤자 도자기가 화병이 되지는 않는다. 백 번 양보해서 대수술을 하면 그 비슷하게 변할 수도 있겠지만 그 과정에서 균열이 나거나 형태가 더 괴이해질 수가 있다. 이미 에고(ego)가 딱딱하게 굳어 버렸기 때문이다. 도자기는 도자기일 때 가장 보기에 안정감이 있다.

미안하지만 내가 보기에 그들은 인생 2막의 컨셉을 매우 잘못 잡은 것 같다. 그리고 무엇보다 그들의 말로도 항상 좋지 않았다. 성 추문으로 곤욕을 치르거나, (모 상사는 블라인드라는 회사 정보를 공유하는 익명성 보장 앱에 성폭행 행적을 폭로 당하기도 했다) 술김이 달아올라 휘두른 주먹질에 경찰서를 들락날락하기도 하며, 잦은 노래방 출입과 윤락녀와의 관계로 이혼을 당하기도 한 사람들도 있었다. 이게 다 보상심리 때문이다. 공부만 하느라, 그것도 아니라면 혼나지 않는 바르고 무난한 자식으로 자라느라 제대로 놀아보지 못한 것에 대한 보상심리. 그걸 이제 와서 돌려받겠다고 하다가 이런 꼴이 나는 것이다. 배가 불뚝 나오고 머리가 벗어지기 시작할 때쯤 말이다.

앞으로 곧 이야기하게 되겠지만, 난 평생 놀 것을 다 놀아봤다고 말해도 전혀 후회가 없을 정도로 내 대학 시절을 즐거움으로 꽉 채웠다. 우린 브라질 사람처럼 춤췄고 이탈리아 사람처럼 치근덕댔으며, 중국 사람처럼 큰 목소리로 술을 마셨고 영국 사람처럼 말장난을 했다. 그렇게 20대를 보냈다. 그래서 어른으로 자란 지금은 정도를 잘 알게 되었다. 물론 여기까지 오는데 갖은 시행착오와 실수들이 있었지만, 이제는 상대방과의 예의를 지킬 줄 알게 되었고 이성을 배려할 줄 알게 되었다. 남들에게 떵떵거릴 정도로 돈을 많이 벌고 좋은 회사를 다니는 건 아니지만, 난 내가 참 좋은 어른이라고 생각한다.

그리고 이야기가 많고 매력이 많은 어른이라고 생각한다. 남들은 그렇게 생각 안 할 수도 있겠지만 난 내가 그런 사람이라고 굳게 믿는다. 이런 자존감을 간직하고 갈 수 있는 것만으로도 내 대학 시절은 충분히 값졌다고, 후회 없이 보냈다고 말할 수 있다. 하지만 내가 지금 말하고 있는 과거의 나는 아직이다. 본격적인 대학 시절을 회상하려면 아직 조금 남았다.

그러려면 여철우 왕국의 몰락을 함께 지켜봐야 하는 게 먼저다.

밤이 되면 속 안에서 또 다른 인격을 꺼내는 사람들.
그들이 헤매는 밤거리는 쓸쓸하다.

여러분들도 아시다시피, 모든 일에는 다

과거　　　　　　　　　　2007

 아무런 약도 채워져 있지 않은 주삿바늘을 맞은 기분이었다. 나는 여전히 기숙사에서 혼자 보내는 시간이 많았고 여전히 영국 유학을 가는 망상 속을 헤매고 있었으며, 더하여 여전히 여철우 패거리가 싫었다. 하지만 그래도 예전보다는 나은 듯한 기분이 들었다. 내가 적어도 비주류는 아니라는 품질 보증 마크를 받은 듯한 기분이 들었기 때문이다. 하지만 그들과 어울리다 보니 나를 찾아야 하는 시간을 따로 마련해야 했다.

 그들과 함께 있으면 내가 내가 아닌 듯한 느낌이 들었기 때문이다. 그들만의 문화는 여전히 나에게 낯설었고, 그들의 웃음은 아직도 나에게 복잡했으며, 그들의 우정이 마치 내겐 짙은 안개 같았다. 정반대의 기후. 정반대의 온도. 정반대의 바이브. 그들의 세상에서 난 완벽한 대척점에 서 있었다. 혼자 있으면 혼자 있는 대로, 그들과 함께 있으면 함께 있는 대로 내가 이상한 사람이 된 듯한 느낌이 들었다. 오히려 가끔 내 기숙사로 찾아오는 광산이 형, 찬진이 형과 어울릴 때 더 마음이 편했다. 두 형들은 하나도 재미있지 않았지만 그래도 같이 있으면 기분이 좋았다.

특히 광산이 형은 알면 알수록 조금 골 때리는 면모가 있었다. 처음엔 임꺽정 같은 덩치에 뭔가 심통이 잔뜩 난 것 같은 불거진 아래턱 때문인지 무척이나 고지식하고 성질머리가 더럽고 심사가 뒤틀리는 일이 있으면 무조건 힘으로만 해결하려는 사람인 줄로만 알았는데, 그건 내 오해였다. 다행스럽게도 광산이 형은 그냥 고지식하기만 하지 성질머리까지 더러운 사람은 아니었다.

내가 지나치게 말대꾸하거나 형을 놀릴 때면 광산이 형은 항상 일절 합의도 없이 완력을 써서 나뭇가지같이 앙상한 내 몸을 거꾸로 비질을 하듯 마구 휘둘렀는데, 난 그게 무척이나 아프고 정신없으면서도 너무 웃겼던 것 같다. 이제까지 살면서 단 한 번도 겪어본 적 없는 비정상적인 힘이라서 오히려 두렵다기보다 너무 어처구니가 없어서 웃겼던 것 같다. 내가 그렇게 웃을 때면 광산이 형도 똑같이 따라 웃었다. 그렇게 함께 한바탕 웃다 보면 기분이 좋아졌다. 뭐랄까, 마음속 응어리가 노곤노곤해지는 느낌이랄까. 지금 와서 생각해보면…. 광산이 형도 결국엔 친구가 필요했던 것 같다.

광산이 형은 우리 과 내에서 대표적이라고 칭할 수 있는 외모의 희생양이었다. 사회 체육학과 학생들이 단체로 와서 인사를 하며 선배로 오해할 정도인 거구의 체격, 투박한 외모에 광기 어린 눈빛, 그리고 한쪽 귀가 잘 들리지 않아 어눌한 말투 때문에 동기 여자애들은 광산이 형을 그닥 좋아하지 않았던 것으로 기억한다.

하지만 난 광산이 형을 격없이 대했다. 광산이 형이 먼저 나에게 다가와 줬듯이 나도 활짝 마음을 열어 장난꾸러기 귀염둥이 동생 역할을 해줬다.(하지만 나를 점점 힘으로 제압하는 횟수가 많아져서 조금 벅찰 때도 있었다) 그랬던 광산이 형을 내가 마지막으로 보았던 장소는……….

바로 정신병원이었다.
여기에 자세한 내막을 남기지는 않으려 한다. 형에게 지켜야 할 최소한의 예의라고 생각하기 때문이다. 광산이 형은 마음의 큰 병이 있었다. 그리고 어쩌면 영원히 고치지 못할 그 병과 힘겹게 싸우고 있었다. 광산이 형이 알아들을 수 없는 논리에 전혀 맞지 않은 이상한 말을 하며 뭔가 슬픈 눈빛으로 창밖을 바라볼 때 나도 무척이나 슬펐다. 내가 다시 한 번 대학 시절의 나로 돌아갈 수 있다면, 분명 여러 가지 일들을 바로잡고자 하는 욕심이 생기겠지만 무엇보다 그 시절의 광산이 형에게 꼭 한 마디 해주고 싶다. 형, 즐겁게 살자.

졸업하기 전까지만이라도 즐겁게 살자. 그리고 시발, 데드리프트 중량 늘린다고 깝죽거리지 좀 마. 형 그거 하다가 허리 크게 다쳐. 그래서 형 좋아하는 운동도 더 이상 못하게 되고 다른 곳도 점점 아파져. 그리고 우리, 걱정은 나중에. 어차피 하게 될 걱정이라면 좀 나중에 하자 형. 지금은 그냥 행복하게만 살자. 바보같이, 등신같이. 영원히 이 순간이 안 끝날 것처럼 대책 없이. 그렇게 살아보자 형.

**형, 잘 살고 있지? 나 있잖아,
그때가 참 그리워.**

광산이 형과 찬진이 형에 뒤이어 나를 자주 찾아와주었던 일권이는 지독한 상사병을 앓고 있었다. 그 대상은 다름 아닌 우리보다 한 학번 위인 봉선화라는 이름을 가진 학과 선배였다. 그래도 아직까지 내 머릿속에 얼굴이 그럭저럭 기억에 남아있는 걸 보니 인물이 꽤 괜찮았던 것 같다.

 갈색 단발머리에 청바지 테가 무척이나 좋고, 무엇보다 넉넉한 가슴이 봉곳이 도드라져 마주치면 달려가서라도 인사하고 싶은 비주얼을 가진 그런 사람이었다. 무엇보다 그 당시 촌스러웠던 내 옷차림을 보고 '옷 귀엽게 입었네'라고 말해준 적이 있어서 (빈말일지도 모르겠지만) 내겐 좋은 선배라고 기억되는 사람이었다. 일권이가 어떤 계기로 봉선화 선배를 좋아하게 된 건지는 나도 자세히 모르겠다. 그래봤자 남자가 여자 좋아하는 이유가 다 거기서 거기겠지 뭐. 그 당시에도 그런 생각으로 상사병 걸린 내 친구 일권이의 연애 상담을 간간이 자청했던 것 같다.

 사실 그 당시에 나 역시도 여자에 대해 쥐뿔 아는 것도 없었지만, 이것저것 감놔라 배놔라 하는 식의 조언들을 꽤 해주었던 것 같다. 사실, 조언이라기보다는 그냥 술친구 역할을 해준 게 제일 컸던 것 같다.

 일권이는 자기가 봉선화 누나에 비해 부족한 점이 무척이나 많다는 것을 본인 스스로도 잘 알고 있었다. 안타깝지만……. 그 말을 듣자 하니 누가 생각해도 그래 보이는 부분이 없지 않아 있었다. 그 당시 일권이는 그냥 길가는 뚱뚱한 안경잡이 아무나 데려다가 얘가 김일권이라고 우기면 아, 맞구나 하고 착각해버릴 수 있을 정도로 아무런 특색도 없는 평범 오브 평범남의 표본이었다. 하지만 앞서 외모에 대한 언급을 했듯, 봉선화 선배는 일권이와는 무척이나 상반된 느낌을 가진 사람이었다. 조용한 선배였지만 기본적으로 또래에 비해 예뻐 보이게 꾸밀 줄 아는 센스가 꽤나 노련한 편이었다.

얼굴은 그렘린에 나오는 모과이처럼 귀여운데 몸매는 오 마이 갓 소리가 절로 나오는 야성녀 아이비 뺨치는 반전 매력이 있는 것도 결코 범상하다라고 말할 수 없는 그녀만의 임팩트였으리라. 그래도 난 일권이와 술친구를 하면서 정말 진심으로 상담해주고, 진심으로 잘 될 거라고 응원도 해준 것 같다. 정말 잘 됐으면 좋겠다고 생각했다.

저밖에 모르는 이기주의자 정창주가 남의 행복을 빌어준 건 정말 손꼽을 정도인데, 그런 내가 진심으로 빌어줄 정도면 일권이의 염원이 얼마나 강렬했는지 쉽게 회상할 수 있다. 내 기숙사 룸메이트 홍봉현 형도 가끔 우리 둘의 술자리에 끼곤 했다. 무척이나 사람 좋은 표정으로, '너희, 그렇게 깡소주만 먹으면 속 버린다'며 과자와 먹을 것을 사다 주며 함께 일권이의 고민을 들어주기도 했다. 일권이는 봉현이형을 '천사형'이라고 불렀다.

일권이가 봉선화 선배 때문에 힘들어하는 것은 안타까웠지만, 난 내가 일권이에게 보탬이 될 수 있는 조언자 역할을 할 수 있다는 것에 감사했다. 아무리 본바탕이 별로라고 한들 자기로 인해 타인이 행복함을 느끼고 위로받는 것에 감동을 느끼지 않을 사람이 있을까.

 5월은 대학 축제의 달이었다. 하지만 난 내 인생 첫 대학 축제가 기억나지 않는다. 아마도 참석을 하지 않았거나, 했더라도 매우 어색하게 있다가 금방 기숙사로 가버렸을 것이다. (아마도 후자의 확률이 높다) 내가 뒤늦게 여철우 왕국의 졸개로 들어갔다 한들, 이미 저들의 템포를 따라잡기엔 너무 늦어버린 상태였다. 그래서 많이 불편했다. 그때도 역시 고맙게도 고성미가 날 챙겨줬던 기억이 난다. 고성미는 서쪽으로 날아가는 큰 새의 날개같이 크고 얇은 손바닥을 나를 향해 파초선처럼 펄럭거리며 블린이라고 하는 러시아 전통 부침개 같은 걸 구워서 건넸다. 그리곤 예의 그 테이프를 늘여 감는 듯한 목소리로 "창주, 잘 챙겨 먹어"라며 몇 장 따로 챙겨주었던 것 같다.(더럽게 기름지기만 하고 별로 맛은 없었다)

 그러고 보면 난 주류는 아닐지언정 어딜 가나 항상 보살핌을 받았던 것 같다. 여러모로 운이 참 좋았다는 생각이 든다. 그렇게 축제가 끝나고, 기말시험도 끝나고 이제 여름방학이 다가왔다. 한 학기가 그렇게 마무리되니 시원섭섭한 느낌이었다. 의외였다. 후련하다는 생각이 들 것만 같았는데 아쉬운 마음이 든다는 게 조금 이상했다. 아마도 자취하는 대학생 특유의 구속 없는 자유에 나름의 재미를 느끼기도 해서였을 것이다.

이 흔한 남자에게는 흔하지 않은 용기가 필요했다.

2019　　　　　　　　　　　　　　현재

12. 새로움과 자유를 사랑하는 열린 마음도 필요할 거야

 내가 이제까지 살아있을 줄 몰랐다.

 갑자기 무슨 뜬금없는 소리냐고 생각할 수 있겠다. 죽을 병에 걸려 시한부 인생을 선고받았던 기적의 암 치료 환자 같은 소릴 하고 있으니 말이다. 하지만 나는 정말 이 날 이때까지 살아 있을 줄 몰랐다. 대학생 시절의 난, 적당히 한 스물여섯 살쯤에 확 죽어 버리면 되지 않을까? 이런 오싹하고 끔찍한 생각을 아무렇지 않게 했던 것 같다. 인생이 지루하고 별 볼 일 없어여기 때문이 아니었다.

 그때 그 시절이 너무나도 좋았기 때문이다. 난 본능적으로 이제 내 인생에서 앞으로 나의 대학시절만큼 즐거운 때는 오지 않을 것이라는 걸 알고 있었다(그리고 실제로도 내 예견처럼 되어가고 있다고 느끼는 중이다). 이제 곧 슬슬 풀어나갈 얘기겠지만, 익산에서 온 촌놈 정창주의 대학생활은 1학년 2학기를 기점으로 180도 바뀌게 된다. 스무 살부터 스물

일곱 살까지. 총 7년이라는 시간을 대학생으로 보내면서 자신 있게 말하건대 그 시절만큼 강렬하고, 아름답고, 찌질하고, 멋있고, 무모하고, 바보 같고, 머저리 같고, 행복하게 보낸 적은 없었다. 그리고 앞으로도 그럴 것이다.

 아니, 사실 앞으로도 '그랬으면 좋겠다'. 그래야 두고두고 회자할 수 있을 테니까. 두고두고 그리워하며 그때 그 시절의 나를 더 아름답게 기억하게 될 테니까. 날 한심한 패배자라고 욕해도 좋다. 내 영혼은 영원히 그 시절을 그리워할 것이다. 아무튼 이런 연유로 대학생 시절의 난, 스물여섯 살 때쯤 죽어 버려도 크게 나쁘지 않을 것 같다는 생각을 했다. 제임스 딘처럼. 커트 코베인처럼. 존 레논처럼. 불꽃처럼 살다 가버리자! 이 꼴 저 꼴 드러운 꼴 보며 추하게 늙을 바에야 차라리 불새처럼 아름답고 장렬하게 타 죽어버리자! 부모님이 당시 이런 내 속내를 알았다면 거품을 물고 쓰러졌을 것이다.

 놀 거 다 놀아놓고 단물은 쪽쪽 빨다가 졸업할 때가 되니 캭 하고 죽어버리겠다? 가만 생각해보면 영악하기가 그지없다. 하지만 말했듯이 난 본능적으로 알고 있었다. 어른들의 세계는 무척이나 고루하고 미지근하고, 따분하고 역겨운 일 투성이라는 것 말이다. 특히 지폐 한두 장으로 사람의 인격을 가늠하고 소위 말하는 '클라스'를 정하는 행위가 전혀 쿨해 보이지 않았다. 적어도 내가 대학생일 때는 단연코 말하건대, 돈 많은 사람을 부러워한 적은 단 한 번도 없었다. 물론 돈이 많으면 많은 대로 흥청망청 쓰는 재미를 즐기기도 했다는 것은 부인할 수 없다.

지금은 자본주의의 맛에 보기 좋게 굴복해버린 나약한 아저씨가 되어버렸지만 말이다. 그렇다곤 하더라도 사실, 나는 지금도 사람이 살아가는 데 있어서 그렇게 많은 돈이 필요할까?라고 생각하기도 한다. 가끔 엄마에게 이런 말을 하면 엄마는 무척이나 화를 낸다. 뭣도 모르는 순진하고 무식한 소리 좀 하지 말라며 화를 낸다. 맞는 말이다. 나이가 들어가고 젊음의 총기가 사라질수록 의지할 곳은 돈밖에 없다. 탁해져 가는 피대신 돈이 내 썩어 들어가는 몸 안에 흘러 돌고 돌아야 생명을 연장할 수 있다.

어른이란 것들은 앞으로 살아가며 얻을 수 있는 것들에 대한 기대보다 잃게 될 것들에 대한 불안으로 오늘 하루를 낭비하는 순 구제불능 머저리들밖에 없다. 그래서 난 어른이 되는 게 싫었다. 어느 외국 영화의 주인공처럼, 낡은 배낭 하나와 제일 멋들어진 페도라 하나 걸치고 기차 짐칸에 몸을 싣던 돼지 똥내 나는 헛간에서 잠을 자더라도 늘 가슴 뛰고 예측할 수 없는 내일을 만드는 바람 같은 청년의 모습으로 살고 싶었다. 내가 실제로 똥내 나는 헛간에서 하룻밤을 지새본 적은 없지만 (열차에 몰래 무임승차한 적은 몇 번 있었다), 적어도 그때의 난 정말 자유라는 것을 멋지게 낭비할 줄 아는 유쾌하게 맛이 간 청년이었다.

**세상에서 가장 누추하고 별 볼 일 없는 곳이더라도,
자유를 담은 생의 의지만 있다면.**

지금은, 돈이 산소와도 같아서 어쩌면 이게 없어지면 숨 쉴 수 없을지도 모른다는 생각을 하는 쫄보같은 어른이 되어버렸다. 어렸을 때 내가 '병신 같고' '머저리 같다고' 생각했던, 그런 전형적인 어른의 모습으로 되어가고 있다. 하지만 이미 이렇게 어른이 되어버린 나에게도 한 가지 꿈이 있다. 언젠가는, 정말 언젠가는 다시 내 대학시절처럼 살아보는 것이다. 마음껏 소비하는 자유에 어색해하지 않고, 다가오는 매일이 너무나 가슴 뛰고 내가 어떤 일을 저질러버릴지 무척이나 궁금했던, 그때의 자유를 다시 한번 느껴보는 것이 내 꿈이다.

하지만 지금도 아예 자유롭지 않다고 말하는 것은, 현재의 나에 대한 예의가 아닐 것이다. 지금도 나름의 자유를 느끼며 살고 있다. 우선, 남는 여가 시간엔 오로지 내가 하고 싶은 활동에 집중하며 산다. 평일 퇴근 뒤에는 맛있는 요리를 해먹고, 이렇게 글을 쓰고, 돌아오는 매주 미술학원에 가서 그림을 그리고, 책을 보고, 괜찮은 옷이 눈에 띄면 한두 장 사기도 하고, 정말 재미있는 영화가 개봉하면 보기도 하고, 사람 구경도 하고, 좋은 전시회가 생기면 그걸 보러 가기도 한다. 갑자기 이런 생각을 해본다.

대학시절의 내가 지금의 나를 만난다면 과연 뭐라고 말할까? 나도 잘 예상할 수 없지만, 아마도 이렇게 말하지 않으려나? 음, 뭐……. (그리고 이다음 말을 하기 전까지, 전혀 눈치를 보지 않고 대놓고 지금의 나를 위아래로 훑어볼 것이다) 적어도 최악으로 크진 않았네. 애썼다. 그럼 지금의 나는 역시 당했다는 듯이 무척이나 유쾌한 목소리로 웃을 것이다.
그리고 지갑에 있는 돈 없는 돈 다 털어서 두둑하게 쥐여주고 이렇게 말할 것이다. 자, 가서 한 탕 거하게 뛰고 와라. 내 몫까지. 그럼 과거의 나는 '오, 씨발!'이라는 감탄사를 내뱉으며, (지금이나 그때나 여전히 내 최고의 감탄사는 '오,

씨발'이 틀림없다) 지금의 나에게 버르장머리 없이 제대로 인사도 안 하고 그 시절 내 친구들을 향해 달려갈 것이다. 그리고 아마 이렇게 말하겠지.

"야, 꽁돈, 꽁돈! 오늘 한번 제대로 조져보자! 확 다 질러 부러!"

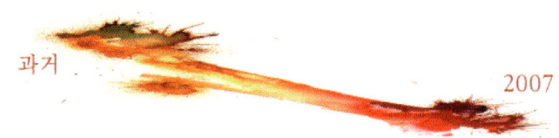
과거　　　　　　　　　　　　　　2007

　나의 1학년 1학기 대학생활이 엉망이었던 것은 부인할 수 없지만, 적어도 여름방학만큼은 특별하게 보냈다고 말할 수 있을 것 같다. 그 당시의 난 S 대라는 곳에 무척이나 깊은 애증을 가지고 있었다. 그냥 싫어하는 마음만 가득했더라면 오히려 더 좋았을 것이다. 그랬다면 쿨하게 자퇴했을 것이다.

하지만 '애증'이다. 말 그대로 사랑과 미움이 공존하는 복잡 미묘한 감정을 마음속에 떠안고 있었던 것이다. 왜 애증이냐? 라고 묻는다면 간단하게 설명할 수 있었다. 이렇게 자유롭게 남의 눈치 보지 않고 내 마음대로 행동할 수 있는데, 여기에서 좋은 친구들만 더 생긴다면 얼마나 좋을까? 그리고 걔들과 하루 종일 놀러 다닐 수만 있다면 얼마나 좋을까? 그런 아쉬운 마음에서 비롯된 애증이었다. 한 마디로 난 학교가 싫지 않았다.

　우리 캠퍼스는 한때 텔레비전 cf에서도 화제가 되었던 적이 있을 정도로 무척이나 아름다운 곳이었다. 특히 봄이면 경치가 아주 죽였다. 곳곳에 흩날리는 벚꽃으로 흐드러지는 S 대학교 교정은 아무리 감정이 무딘 사람일지라도 그 자리에 앉아서 친구들과 이야기를 나누며 술에 달큰하게 달아오르고 싶게 만들 정도로 감성적인 경치를 자랑했다. 먹고 마시고, 놀 곳도 무척이나 많았다. 당구장은 기본이고 피시방, 햄버거, 피자, 파스타, 한식, 양식, 중식, 치킨집까지 동네 일대가 모든 여가 및 레저활동을 즐길 수 있는 장소로 꽉 채워져있었다.

 그래서 아쉬운 마음이 컸다.
 어쨌든 그건 그것이고 이렇게 한 학기를 통짜로 '셀따'로 보내면서 찌질하게 마무리 지어버린 것이다. 애증은 있었으나 그다음에 돌아올 2학기에 대한 기대는, 사실 그다지 크지 않았다. 이미 첫 단추부터 잘못 꿰어져 버린 것이니까.
 이미 남들은 한두 바퀴 돌아버린 트랙에서 새로 뛰는 늦깎이 주자였으니까. 내가 여름방학 동안 인싸의 신이 빙의되어 천지개벽을 한다 해도 그들의 문화, 그들의 놀이, 그들의 즐거움에 대한 흐름을 따라잡을 수는 없을 것 같다는 생각이 들었다. 대학생 정창주의 방학은 꽤나 따끔하게 시작됐다. 우선, 부모님께 성적표를 들키고 말았다. 성적표가 오는 타이밍을 재고 또 재서 빼돌릴 생각을 했지만, 아침 일찍 목욕탕을 다녀온 엄마의 손에 내 1학년 1학기 성적표가 들려져 있었던 것이다.

엄마는 내가 있는 그 자리에서 내 성적표를 열어 보더니, 마치 전에 한 번도 겪어본 적 없는 지독한 악취를 맡은 듯한 표정을 지으며 이렇게 말했다.
"제정신이냐?"

일을 마치고 돌아온 아빠는 내 성적표를 보고, 무척이나 막무가내로만 웃기려고 하는 삼류 개그맨의 처절한 꽁트를 지켜보는 관람객처럼 쓴웃음을 터뜨렸다.
"인마, 아무리 그래도 쌍권총을 차고 오면 어쩌냐."
아빠는 이렇게 말씀하셨다.

올 F.인줄로만 알았기에 굳이 확인해 볼 것도 없었지만 우연히 성적표를 들여다보고, 나는 부모님 앞에서 하마터면 깔깔 웃음을 터뜨려 버릴뻔했다. '지식 정보 시대의 삶과 윤리'라는 비교적 낯설지 않은 교양과목. 그 과목 옆에. A+가 적혀 있었던 것이다. 그 뜬금없이 잡초 사이에서 솟아난 튤립 한 송이 같은 성적을 보니 뭔가 어처구니가 없었다.

그리고 웃겼다. 아, 이 병신들. 나 같은 놈한테, S 대학교 러시아 어문학과 공식 찌질이 아싸 따위인 나한테 무려 A+를 뺏기다니. 쌤통이다, 쌤통이다 이 등신들아! 나는 내 방으로 기침을 하러 들어가는 척하면서 거의 한 오 분 동안을 미친놈처럼 꺽꺽대며 웃음을 토해냈다. 지식 정보 시대의 삶과 윤리라는 교양 과목은 내 기억이 맞다면, '말 한마디로 천냥 빚을 갚을 수 있는' 류의 과목 중 하나였다. 한 마디로, 입만 잘 놀리면 거저 점수를 먹는 교양과목이었다. 소위 말하는 '이빨 까는 맛'으로 점수를 때우는 과목이었던 것이다.

이 '이빨 까는' 과목의 유형도 다시 두 가지 유형으로 가지를 치게 되는데, 첫 번째는 교수님에게 학생인지 애완용 시츄인지 구분이 안 갈 때까지 알랑알랑 꼬리를 치며 밑도 좀 빠는 '면대 면 식 이빨'이고, 두 번째는 대하소설에 버금가는 방대한 양과 100분 토론을 능가하는 진중함을 가진 필력으로 시험지 두 쪽을 꽉 채우는, '서술형 이빨'이었다. 난 대학 생활 내내 후자의 형태를 영리하게 차용하여 논술형 시험으로 학점을 평가하는 교양과목에서 항상 높은 점수를 받았다. 지식 정보 시대의 삶과 윤리는 내 기억으론 수업을 잘 들어가지도 않았다.

그냥 나가리가 되지 않을 정도로만 간신히 수업시간을 채웠던 것으로 기억한다. 다만 당시의 시험 주제 자체가 워낙에 흥미롭기도 했고, 말로나 글로나 무척이나 수다스러웠던 나로서는 그게 딱히 시험이라기보다는 흥미롭게 시간을 때울만한 여흥거리 정도로 생각했던 것 같다. 그렇게 내 머릿속에 있는 생각을 설사 똥 싸듯이 툭툭 싸지르고 강의실을 나왔는데

에이 플러스라니. 마치 과대포장된 현대 미술가가 선 하나 달랑 직 그어 놓고 눈앞에서 그림 값으로 몇 천억을 받는 듯한 느낌이었다.

 엄마 아빠는 나의 어처구니없는 성적표를 보며 깊은 한숨을 쉬었지만, 나는 그날이 무척이나 즐겁고 웃겼다.

 그리고 이런 방식으로나마 S대 놈들을 엿 먹일 수 있어 기뻤다.

"초조한 어중간이는 재미 없잖아. 차라리 당당한 꼴찌가 낫지."

처음엔 방학을 그다지 특별하게 보낼 생각이 없었다. 그냥 집에서 편하게 엄마가 해주는 밥 세 끼 꼬박 받아먹으면서 만화나 보고 게임이나 하고 그래도 정 할 게 없으면 야동이나 보지 뭐. 이런 생각을 하고 있었다. 그런데 그게 엄마 눈엔 어지간히 못마땅해 보였나 보다. 정확히 내 방학 생활이 시작한지 삼일 만에 엄마는 도저히 못 참겠다는 듯이 나에게 이렇게 말했다.

"야, 하다못해 나가서 놀기라도 해라."

그래서 난 그야말로 나가서 놀기로 했다. 난 내 절친한 고향 친구 둘에게 연락했다.

"야, 우리 한 달 동안 시골 가서 놀다 오자."

나는 친구들과 함께 한 달 동안 고모부의 복분자 밭에 가서 놀다 올 생각이었다. 순창에 있는 쌍치 마을이라는 곳이었다. 거기엔 고모부가 가끔 별장 개념으로 쉬다 가는, 간단하게 잠도 자고 요리도 해먹을 공간이 딸린 개조된 비닐하우스가 있었기 때문에 숙식은 거기에서 해결할 요량이었다.

"좆까는 소리 하지 말어."

두 친구는 한 치의 망설임도 없이 이렇게 말했다. 하지만 나는 포기하지 않았다.

"야, 며칠 전에 내가 꿈을 꿨는데 말이다. 우리 셋이 산속에 들어가는데, 그 산에 집채만한 별이 떨어지더라니까. 이거, 뭔가 있는 꿈이다. 계시가 있는 거라고. 아니 병신아, 뻥이 아니라 진짜 꿨다니까?"

나는 친구들을 만나기 오 분 전에 지어낸 말도 안 되는 뻥을 무척이나 진지한 표정으로 그들에게 장황하게 설명했고, 처음에는 말 같지도 않은 헛소리하지 말라던 친구들이 이제는 점점 나의 알량한 언변에 슬금슬금 넘어가기 시작했다.
"밥은 어떻게 혀?"
"거기, 좀만 걸어가면 바로 코앞이 읍내라 사 먹을 데 많어. 그리고 거기에 조리도구도 있어서 직접 해먹을 수도 있고."
"아니, 근디 암것도 없는 깡촌서 한 달 동안 뭘 혀. 날도 더워 죽겠는디."
"야, 너 자격증 준비한다고 안했냐? 공부나 하면 되지. 난 이참에 거기서 한자 공부나 할라고. 공기 좋은데서 공부하면 더 잘 되지 않겠냐?"
"아……. 시부럴……. 이거 좀 애매한디……"
"야, 그냥 가자. 어차피 우리 셋 다 다 여친도 없고 누구 만날 사람도 없잖어. 엔간히 좀 재쌓고 그냥 가자."

이렇게 해서 세 친구는 쌍치 마을로 떠나게 되었다.

2019 　　　　　　　　　　　　　　　　　현재

13. 그럼 작은 일상에서도 위대한 행복을 찾을 수 있게 되지

 우리 집 오피스텔 붙박이장에는, 250만 원 정도 하는 루이비통 백팩이 꽤 오랫동안 더스트 백 안에 갇힌 채 처박혀 있다. 오늘은 이 명품 백으로 한창 지랄 났던 일화에 대해 이야기해보고자 한다. 뭐 여러분들께서도 이쯤 되면 내 특유의 돌직구 화법에 익숙해지셨겠으리라 생각하고 말씀드리겠다. 솔직히 명품 같은 거, 꼴같잖은 거라고 생각했다. 정말이다. 난 명품으로 치장한 사람에 대한 일련의 선입견까지 가지고 있었다.

 제 몸을 감아 휘두른 명품이 많으면 많을수록, 그 자신에 대한 콤플렉스 또한 비례한다고 생각하는 주의였다. 무릇 브랜드의 가치란(특히 고가의 브랜드), 오래된 역사 동안 그만이 쌓아온 철학이 축적되고, 그러한 브랜드를 사용함으로써 그러한 브랜드의 역사를 '빌려오는' 거라고 생각한다. 한 마디로 명품 브랜드를 소유한다는 것은, 체면을 렌탈하는 것이다. 근데 이게 또 역으로 생각해보자면, 순수한 나 자신으로

서는 할 얘깃거리가 도무지 없기 때문에 그런 명품의 힘을 빌리는 거 아닐까?라고 생각해왔던 것이다.

 더해서 특히나 내 또래의 젊은 친구들이 그러고 다니는 것에 대해서는 아주 회의적이었다. 아시잖은가, 외모지상주의와 그에 따른 쇼잉으로 만연한 사회. 그에 부합하기 위해 속출하기 시작한 패션 푸어. 지하철이나 대중교통으로 스쳐 지나갔던 명품족들을 모습을 보면서, 멋있다기보다는 '과연 저러고 다닐 형편이 되는 걸까?' 하는 의구심이 드는 게 솔직한 나의 반응이었다. 그래서 난 의식적으로라도 명품을 조금 멀리하려고 했다. 더군다나 그럴 형편도 안 되었고.

 그런데 어느 날, 사람이 돈 없어서 서러운 것도 아니고, 명품 없어서 서러워져버린 엿 같은 일이 내게 일어난 것이다. 때는 강남에서 회사를 운영하던 2016년도. 시작부터 풍전등화였던 우리 회사는,(온라인 광고 회사였다) 정말 기적이라고밖에 표현할 수 없을 정도로 무자본이다시피 한 열악한 상황에서 기사회생했고, 한창 흐름을 타고 모두가 꽤 넉넉한 환경에서 터전을 바로잡고 있었다. 힘들었지만 즐거운 시기였다. 퇴근을 해도 회사의 비전, 방향성에 대한 욕심으로 24시간 회사 생각에 빠져있던 시기였다. 나는 주로 총괄 기획과 영업을 담당했다. 직원들 중 영업을 할 만할 정도로 숫기 있는 친구도 없었거니와, 나는 영업으로 사회생활을 시작했고, 실적도 쭉 좋았으니까. 전투적으로 영업했다.

나를 만나는 고객들 대부분은 CEO가 직접 영업을 뛴다는 점에 대해 감사하게도 매우 높은 점수를 주었다. 나도 그에 대한 기대감을 져버리지 않기 위해 그야말로 발로 뛰어다녔다. 어느 분야의 영업이든 간에 장점이자 단점이라고 꼽을 수 있는 건, 정말 다양한 인간 군상을 만나게 된다는 건데, 개중에는 정말 순수한 영감과 지혜를 주는 존경 받을 만한 사람이 있는 반면, 정말 다시는 상종하고 싶지 않을 정도로 막돼먹은 인간들이 있기 마련이다.

그런데 참 엿 같은 건, 이런 사람들이 인간적으로 싫다고 과감히 내칠 수도 없다는 것이다. 사업은 콜라텍이나 캬바레, 감주, 나이트클럽 안에서의 사교 행위 같은 게 아니다. 오로지 돈, 돈, 모든 것이 돈이다. 그렇기에 나랑 피치가 안 맞는다고 감자 먹이고 쌩깔 수가 없다는 것이다.
"사장님 근데, 사무실이 강남에 있으시다면서 옷차림이 너무 저렴하시다?"

그런 상종 못 할 인간들 중, 고객이라는 탈을 쓴 어떠한 이가 정확히 내게 토씨 하나 안 틀리고 이따위 말을 지껄여 댔다. 그냥 그러려니 하고 잘 넘어갔어야 했다. 하지만 그날따라 그야말로 옷차림이 너무 가벼워서인지,(여름이었다. 검정색 유니클로 카라티와 검정색 반바지, 중저가 슬립온을 신고 있었다) 그만 나도 모르게 뭔가 욱, 하는 자격지심이 속에서 터져 버린 모양이다.
"편하게 다니자고 그러는 거구요. 저도 집에 명품 많아요."
"그으래요오?"

 그는 마지못해 수긍해준다는 식의 떨떠름한 맞장구를 쳤다. 참 좆같은 고객님이었다. 그냥 그러려니 하고 잘 넘어갔어야 했다. 하지만 돌아오는 지하철에 몸을 싣는데, 너무 화가 났다. '아니 시부럴, 막말로 내가 저 사람한테 꿀릴 게 뭐가 있다고?' 그 당시 내 자신감은 하늘을 찌르던 때였다. 뭘 해도 안 되는 게 없었다.

 주머니에는 현찰이 넘쳐났고 만나는 사람 족족 계약서에 도장을 찍게 만들 정도로 영업력도 뛰어났으니까. 그래서 존심이 너무 상했다. 곰곰이 생각해보니 내가 이 형편에 명품 하나 없는 것도 참 이상하단 생각이 들었다. 같잖은 쭉정이 대딩들도 즈그 엄마 카드 쌔벼서 사는 게 명품인데, 왜 난들 못 질러? 그게 뭐 대수야? 아주 티끌만했던 의혹과 자격지심이, 순식간에 언덕 위를 내려오는 눈덩이처럼 부피를 늘려갔고, 어느새 내 관심은 온통 명품에 쏠려 있었다. 참 멍청한 건지 순진한 건지, 서뿔도 단간에 빼자는 내 성격 못 버려 회사 일이고 나발이고 거의 돌진하는 투우소처럼 백화점 명품 코너로 씩씩 거리며 달음박질했다.
"선생님, 가방 하나 주쇼. 요새 제일 잘나가는 걸로요."

매장 직원은 이런 내 모습을 보고 분명히 정신 계통에 이상이 있는 사람이라 판단한 모양인지, 벙찐 표정으로 멍하니 서 있었다.

"가방 하나 보여 주쇼!"

그제서야 정신을 차린 매장 직원이 내게 상품에 대한 이런저런 설명을 프레젠테이션 하는데, 뭐 디자인이니 개연성이니 그딴 건 이미 나한테 안중도 아니었다.

"이걸로 할게요. 싸주쇼."

그냥 남자가 메기에 가장 무난하게 생긴 놈으로 휙 잡아채 직원에게 내밀었다.

"고객님, 할부는 몇 개월로......"

"할부?"

그때의 난 이미 반은 제정신이 아니었다. 그래서 그 소리에 야마가 돌아 버렸다.

"할부는 뭔 놈의 할부요, 일시불 해주쇼!"

정확히 삼 분 뒤에, 나는 거의 터질듯한 상기된 얼굴로 루이비통 박스를 안고 있었다.

"씨벌놈! 오오야, 함 보자, 그래!"

다음 날부터 난, 그 루이비통 가방만 주구장창 메고 다녔다. 비가 오나, 먼지바람이 부나, 그게 무슨 거북이 등껍질이라도 되는 마냥 매일 같이 메고 다녔던 것이다.

"어우, 정 대표님, 요새 비즈니스 잘 되시나 봐요?"

그런데 웃긴 게, 명품을 두르고 다닌 이후로 주변 사람들이 나를 보는 시선 또한 정말 달라졌다는 것이다.

"이야, 정 사장님, 진작에 이렇게 하고 다니시지! 깔끔하고 얼마나 보기 좋아! 이제야 좀 사장님 같으시네!"

그때 그 개 같은 말을 한 고객 놈도 마찬가지였다. 그걸로 나는 뭔가 마음의 치유를 받는듯한 느낌이 들었다. 캬, 이거 참 좋구만. 진즉에 좀 이러고 다닐걸. 명품의 맛을 들여버린 모양인지. 나는 이제 시간이 남으면 인터넷을 이용해 최신 명품 트렌드를 눈팅하는 게 취미가 되어 버렸다. 소위 말해 보는 눈이 생겨 버리니,

세상을 평가하는 방식 또한 달라지기 시작했다. 이제는 명품 없이 다니는 사람들을 보며, 같잖다는 생각이 들어버렸다. 어느새 내가 사람을 판단하는 기준의 일 순위가 차림새가 되어 버린 것이다. 회사 직원들의 옷차림을 눈대중하며 그 안에서 서열을 저울질하기도 했다. 내 주변의 모두가 나의 그런 변화를 눈치채고, 거북함을 느끼고 있었지만 오직 나만 그 사실을 자각하지 못했다. 하마터면 그렇게 오랜 시간이 흘러 버릴뻔했다. '허, 저 시벌놈 표정 보소. 옷도 그지같이 입고서는 뭘 그렇게 폼 잡고 앉았다냐? 같잖으다 같잖애.' 그러나 어느 날 갑자기, 얼굴에서 빛이 나는 잘생긴 훈남 청년이 내 곁을 스쳐 지나갔을 때 무의식중에 든 이 끔찍한 생각이 내 머릿속을 명징하게 울렸다.

나는 그때 그야말로 길거리에서 헉, 소리가 나올 정도로 가슴이 철렁했다.

"씨발, 내가 지금 뭐 한다고 이 지랄이지?"

나 자신에게 소름이 확 끼쳤다.

동시에 내가 이제까지 아무렇지 않게 생각해오던 이 못난 나날들이 파노라마처럼 스쳐 지나갔다. 그리고 갑자기 얼굴이 화끈하게 달아오르기 시작했다.

"좆 빤다고."

난 뭐에 홀린듯이 집에 돌아오자마자 그 루이비통 백팩을 붙박이 장롱 안에 처박았다. 그 망할 명품 백을 붙박이장 안에 처박는데, 그 근처에 뭔가 어른거리는 후줄근한 천 쪼가리가 있었다. 뭔가 하고 들춰 보니 바지였다. 신입 사원일 때 한창 입고 다니던 양복바지였다. 그 바지는 가랑이 부분이 그야말로 헤지고 닳아 볼품 없어진 누더기 같았다. 나는 그 누더기 바지를 꺼내 그것을 들고 가만히 서 있었다.

신입 사원 시절의 난, 그야말로 잔고가 아슬아슬하게 남은 교통 카드 한 장 빼곤 아무것도 없었다. 저기 저 의정부에서부터 저-어 쪽의 안산의 정왕이라는 곳까지, 서울 경기 곳곳을 누비고 다녔던 그때 그 시절. 하도 많이 걸어 다녀서 바짓 가랑이가 성할 날이 없던, 그래서 세탁소에 몇 번을 맡겨

가랑이 부분을 덧대 기워야 했던 그 시절. 그때가 차라리 나답고 멋있었다.

 나는 내 손에 들려진 그 누더기 바지와 이제는 붙박이장 신세가 되어 버린 명품 백을 번갈아 바라보았다. 분수에 맞게 살자. 그리 생각하고 누더기 바지를 고이 접어 그 옆에 나란히 넣어두었다. 그리고 붙박이장 문을 닫았다. 그리고, 그 이후론 다시는 그쪽 문을 열어보지 않는다.

 분수에 맞게 살자.

당신의 영광을 남이 (감.히)
제단하게 두지 마세요

과거　　　　　　　　　　　　　　　2007

 떠날 채비를 딱히 거창하게 하진 않았던 것 같다. 단지 주로 먹을 것들로 꽤 요란법석하게 장을 보긴 했었다. 우린 거기서 밥을 해먹을 생각이었다. 하지만 그 당시 우리 셋 중에 그 누구도 요리에 요자도 아는 놈이 없었다. 그런 주제에 무슨 부대찌개를 해먹어 보겠다느니, 계란찜을 해먹어 보겠다느니 하며 손에 집히는 대로 마구마구 샀던 것 같다.

 여행을 떠나기 전의 이런 과정들이 썩 기분 나쁘지 않았다. 사실 좋았던 것 같다. 어차피 난 자격증 취득이나 공부 따위 할 생각 같은 건 추호도 없었기도 했고, 이렇게 계속 집에 짱박혀서 뒹굴뒹굴하다간 결국 엄마에게 하루가 멀다 하고 잔소리를 들을 게 뻔했다.(엄마가 마음먹고 날 잡아 잔소리를 하는 날은 정말 귀에서 피고름이 맺힐 정도였으니까) 마음 맞는 친구들과 유유자적한 유배라도 다녀오는 셈 치고 방학 기간을 때우는 편이 훨씬 나았던 것이다. 아빠가 직접 차로 우리 셋을 고모부의 비닐하우스 별장이 있는 쌍치 마을까지 데려다주셨다. 몇 번이나 자다 깨다 해서 가는 길이 딱히 인상에 남지 않았지만 막상 도착하니 그야말로 시골이라는 느낌이 단박에 들 정도로 (물론, 익산도 시골이지만 쌍치 마을은 시골 오브 시골 같은 느낌이었다) 외지고, 바람이 서늘한 곳이었다.

 아빠와 간단한 작별 인사를 마치고 우리 셋은 앞으로 한 달 동안 지내게 될 이곳의 주변을 천천히 살펴보기 시작했다. 셋 모두 다 실소를 터뜨렸다. 밤이 되면 후레시를 들고 들어가야 하는 재래식 화장실 때문이었다. 공중전화박스보다 더 좁다란 그 화장실 안에서는 코를 먹먹하게 만드는 메탄가스 냄새가 진동했다. 시골의 시계는 무척이나 정직했다. 아까 삼십 분 전에 아빠와 헤어질 때만 해도 해가 밝았는데, 정확히 삼십 분이 지난 여섯시가 되니 언제 그랬냐는 듯이 해가 뚝 떨어져 버린 것이다. 그런 와중에 설상가상으로 똥이 마렵기 시작했다. 그 공중전화박스 화장실을 보고 난 뒤 귀신같이 똥이 마려운 내 몸에 얄궂은 원망을 할 틈도 없이 배에서 부루룩 소리가 났다.
 "시팔, 나는 저기서 못 싸겠다."

 나는 비닐하우스 안에서 신문지 한 장을 가져아 대충 밖에 아무 데나 한 장 깔아놓고 그 위로 내 궁둥이를 디밀었다. 친구들은 그런 내 모습을 보며 낄낄대고 웃었다. 신문지에다 똥을 싸는 건 어릴 때 이후로 처음이었다. 마치 수중 분만으로 나온 신생아처럼 곧바로 물속으로 매끄럽게 풍덩 들어가는 변기식 큰일과는 달리, 공기 중에 적나라하게 노출되는 신문지 위 큰일은 내게 무척이나 이상한 느낌을 주었다.

 질감이 무척이나 척척했다. 하지만 웃겼다. 우리 빼고 개미 새끼 한 마리도 보이지 않는 이 외딴 무인도 같은 곳에서 맨바닥에 똥을 갈겨대는 내 모습에 잠시나마 자유로움을 느꼈다. 더하여 담배까지 시원하게 한 모금 빨아 제끼니 제 소임을 다한 똥구멍이 비로소 긴장을 풀고 느슨하게 개운해져 기분이 좋아졌다.

 유일하게 문명과 닿아있는 도구는 우리들의 핸드폰과 라디오 하나뿐이었다. 고등학생일 때는 라디오를 종종 들었던 적이 있었다. 라디오 주파수를 맞춰보니 내가 고등학생일 때 들었던 그 라디오 프로그램이 고스란히 나오고 있었.

 우리는 그 라디오를 들으며 담배를 나눠 핀 뒤 쌍치 마을에서의 첫 하룻밤을 보냈다. 잠자리 역시도 평범치 않았다. 우리 셋이 올라가도 자리가 넉넉히 남을 정도로 무척이나 크고 튼튼한 평상 같은 것이 침상으로 쓰였는데, 생각보다 무척이나 편안해서 깜짝 놀랐던 것 같다. 그리고 그 주위에는 벌레가 들어오지 않게 막아줄 수 있는 커다란 모기장이 쳐져 있었다. 밤이 되면 그 모기장은 반드시 쳐야만 했다. 날이 어두워지자마자 비닐하우스 안의 빛을 좇아 벌레들이 들어오기 시작했기 때문이다.

우리는 마치 스크린 속에 갇힌 cg로 떡칠이 된 거대한 괴수를 보는 것처럼 모기장 밖의 듣도 보도 못했던 괴이한 생김새의 벌레들을 보며 징그러워하기도 하고 감탄하기도 했다. 말하자면 곤충 버전의 아쿠아리움 수족관 안에 들어와 있는 기분이랄까? 신기했다. 내 팔뚝의 반의반만 한 거대한 나방 같은 것을 보았을 때는, 혹시 저 벌레가 이 마을을 지키는 수호신 같은 게 아닐까 하는 생각이 들 정도로 이상한 경건함까지 들었다. 우리는 한참 동안의 시간을 옛날 얘기로 채웠다.

사실 친구들과 이렇게 셋이서 어딘가로 여행을 온 게 처음이었다. 그래서 퍽 낯설면서도 재미있다는 느낌이 들었던 것 같다. 하악이 얼얼할 정도로 떠들다 보니 조금씩 잠이 몰려오기 시작했다. 그래서 줄을 당겨 비닐하우스 안의 불을 껐는데(점등장치 또한 옛날 시골의 그것과 동일했다), 정말 온 세상이 어둠에 먹혀 버린 것처럼 깜깜해져서 그것 또한 무척이나 놀라웠다. 혼자였다면 정말 무서웠겠지만, 셋이 있으니 그것 역시 나름대로 나쁘지 않았다. 깜깜한 어둠을 채우는 것은 아까 전까지 모기장에 다닥다닥 달라붙어있던 빛을 찾아 날아온 벌레들의 울음소리뿐이었다.

별안간 푸드덕 소리가 나기도 해서 놀랐는데, 아마도 그 '수

호신 벌레'의 날갯짓이 틀림없었으리라 생각한다. 친구들은 아직까진 이곳에 있는 게 잘 실감이 안 나고 어색한지 다들 낮은 웃음으로 큭큭댔다. 그리고 이윽고 하나둘씩 잠에 곯아떨어졌다. 다음 날 아침엔 그렇게 늦게 일어나지 않았던 것 같다. 왠지 모르게 저절로 눈이 뜨였다.

 깊은 시골이라 그런지 역시 아침 시간이 되었어도 뭔가 어슴푸레한 기운이 남아 있었다. 나는 비닐하우스 문을 열고 밖으로 나갔다. 그리고 기지개를 한 번 킨 다음 주위를 한번 두리번거렸다. 무척이나 아름다운 경치였다. 하늘엔 어둠과 빛이 섞인 보랏빛 질감의 안개구름이 오로라처럼 신비로운 띠를 만들고 있었는데, 친구들과 나는 이 신기한 아침 풍경을 보며 '텔레토비 동산에 있는 것 같다'라는 표현을 쓰는 것으로 만장일치 합의를 봤다. 주위에는 산이 빙 둘러져 있었고, 또 그 산을 에워싸는 신비한 보랏빛 안개구름의 띠가 둘러져 있었다.
 나는 무심코 주머니 안의 담배를 (나는 원래 쭉 던힐 프로스트를 피워왔지만 그때 내 주머니엔 왠지 모르게 에쎄 수 0.5mg이 들어 있었다. 시골에 왔다고 친환경적인 느낌이 있는 담배로 맞췄던 것일까?) 꺼냈다. 하지만 곧바로 피우지는 않았다. 그전에 아주 깊은숨을 들이쉬며 이 텔레토비 동산의 공기를 느꼈다. 매우 시원한 냉숫물을 들이킨듯한 느낌이었다. 그냥 흔하디흔한 공기 한 모금일 뿐이었는데 신기하게도 그런 청량감이 느껴졌다. 때문에 굳이 잠에서 깨려 하지 않아도 머릿속이 저절로 맑아지는 듯한 느낌이 들었다. 쌍치 마을의 나날은 무척이나 평범했다.

 전체적인 일과 자체는 비슷비슷한 느낌이었다. 적당히 늦지 않게 일어나서 씻고, 이것저것 야금야금 씹을 거리를 찾다가 하나둘씩 세수를 하고, 그러다가 날이 밝아오면 점심 준비를 하고, 밥을 먹고, 낮잠 한숨 푸지게 자고, 일어나서 각자 하려고 다짐했던 공부를 하고, 그러다가 좀이 쑤시면 동네 이곳저곳을 돌아다니고, 먹을 게 떨어지면 읍내로 나가고,(내가 읍내가 코앞이라고 호언장담했던 사실 개뻥이었다. 정확히 도보로 40분가량을 걸어서야 코빼기를 볼 수 있었다) 다시 돌아와서 저녁밥을 지어먹고, 밤이 되면 라디오를 들으며 시원한 맥주 한 잔을 과일 안주와 곁들여 먹고, 모기장을 치고 온갖 가지 신기한 괴생명체들을 구경하다 불을 딱 끄고 잠이 든다.

 그때 당시에는 별 볼 일 없는 평범하디 평범한 전원생활이었지만, 지금 와서 회상해보니 정말 좋은 추억을 만들었다는 생각이 든다. 현재까지 꾸준히 연락을 하고 있는 나머지 두 친구들도 그 점에 대해서만큼은 부인하지 않는다. 말했듯이 쌍치 마을의 일과는 거진 다 비슷비슷했지만 가끔씩 재미있는 에피소드가 생겨나곤 했는데, 생각나는 일부만 쓰도록 하겠다. 우리가 살고 있는 비닐하우스 근처에는 전봉준 생가가 있었다.

 그렇다. 옆통수가 툭 튀어나온 옆 짱구에 눈매가 표독스러운 녹두장군 전봉준 말이다. 그곳은 일종의 기념관이었는데 우리 같은 일반인들도 별다른 입장료 없이 자유로이 드나들 수 있는 곳이었다 (사실, 입장료를 받을 껀덕지도 못 될 정도로 코딱지만 하긴 했었다). 우리가 그곳을 자주 가는 이유가 딱 하나 있었는데, 다름이 아니라 전봉준 생가의 공중 화장실이 무척이나 깨끗했기 때문이다. 아마도 순창군에서 꾸준히 관리를 해주기 때문에 그렇게 청결한 환경을 유지할 수 있었으리라 생각해본다.

 비닐하우스 생활은 점점 익숙해져갔지만, 공중전화박스 화장실은 여전히 적응이 되지 않았다. 그 해 여름은 무척이나 푹푹 찌는 살인적인 더위를 자랑하기도 했다. 안 그래도 불볕더위인데 그런 밀폐된 공간에서 메탄가스를 맡으며 똥구멍에 힘을 주고 있다가는 그야말로 뇌혈관이라도 터져 비명횡사해버릴 것만 같았다. 이래저래 불만족스러운 인생이었지만 그래도 똥통 안에서 개죽음을 당하기는 싫었다.

 그래서 우린 웬만하면 큰일을 보러 갈 일이 생기면 세 명이서 사이좋게 전봉준 생가를 향해 발걸음을 옮겼다. 전봉준 생가는 다행히 우리가 살던 비닐하우스와 그리 멀지 않았다. 난 가끔 그 화장실 안에서 큰일이 아닌 다른 일을 보기도 했다. 당시 내 피처폰에는 여기에 오기 전에 미리 저장해 두었던 레이싱걸 김 모양의 화보 사진이 한 장 들어있었다. 고개를 사십오 도로 틀고 속눈썹을 높이 치켜들어 올린 채로 깊은 가슴골을 자애롭게 내밀고 있는 사진이었다. 난 철모 안에 여자친구 사진을 숨겨두고 보는 이등병처럼 남자의 생리적 갈등을 해결하고자 할 때마다 전봉준 생가의 화장실에서 그 사진을 꺼내봤다.

 그리고 그 짓거리를 꽤 자주 했다. 아마 내가 죽은 이후 아무것도 없는 무(無)의 세계가 아닌 사후세계로 가게 된다면, 모르긴 몰라도 그곳에서 전봉준 할아버지에게 흠씬 두들겨 맞을 것이다. 늠름한 명성에 맞게 주머니에 생녹두를 가득 채워 내 등허리를 향해 노기 어린 도리깨질을 할지도 모른다. 하지만 그때의 난 깨끗한 환경에서 똥을 싸고 김 모양의 사진도 꺼내볼 수 있게 해준 전봉준이 참 좋은 사람이라는 생각밖에 없었다.

 깡촌 중에 깡촌이라 보는 눈이 전혀 없는 것도 꽤 괜찮은 메리트였다. 그래서 나는 동네 안 어디를 돌아다니던 웬만하면 웃통을 훌렁 벗고 다녔다. 가끔씩 심심하면 이 숲 저 숲을 헤집고 다니면서 원시인처럼 소리 지르기도 했다. 왠지 모르게 여철우의 얼굴이 떠오르면 "야 이 여철우 씨이팔 새끼야아-!"라는 악다구니를 내지르기도 했다. 그리고 혼자서 실성한 듯이 낄낄대며 웃었다. 밥 짓는 것도 하다 보니 점점 실력이 늘게 되었다. 처음엔 도대체 어디서부터 시작해야 할지 눈앞이 깜깜한 기분이었는데, 이것저것 손을 대고 썰고 볶고 하다 보니 결국엔 그래도 입안에 집어넣을만한 무언가가 만들어지는 것이었다.

제일 자주 해먹었던 음식은 부대찌개였다. 시중에 파는 분홍색 소시지며 비엔나 소시지며 잡다한 햄찌끄러기들을 다 때려 박은 괴랄한 비주얼이었음에도 불구하고, 우리는 그걸 무척이나 맛있게 먹었다. 제일 짜릿했던 에피소드는 장마철 때였다.

우리는 읍내를 나가면 꼭 전봇대나 문방구 앞에 붙여져 있는 수배전단지를 살펴보곤 했다. 그 안에는 살인을 저지른 사람에서부터 방화, 강도, 사기(특히 이 분야에서 두각을 나타내는 인물들이 제일 많았던 것 같다)까지 무척이나 다양한 유형의 범죄 포트폴리오를 갖추고 있는 대한민국에서 난다 긴다 하는 악의 무리들의 얼굴로 가득 채워져 있었다. 나는 그 다양한 생김새의 얼굴들과 범죄명이 적혀진 항목들을 보며 마치 격투게임의 캐릭터 슬롯을 보는 듯한 느낌이 들었다. 야, 나는 쟤 고를래. 넌 뭐 고를래? 우리는 각자 자기 맘에 드는 범죄자의 얼굴을 손가락으로 짚으면서 낄낄댔다. 하지만 그렇게 비웃는 와중에도, 우리 셋 중 그 누구 하나도 무시할 수 없는 포스를 가진 얼굴을 가진 이가 있었다.

고치곤.

그 사람의 얼굴과 이름이 아직도 기억난다. 그 고치곤이라는 사람을 설명하는 데는 단 0.5초도 필요하지 않았다. 두 글자면 충분했다. '살 인'. 치곤이 아저씨의 살발한 얼굴 아래 간단명료하게 적혀진 그 끔찍한 두 글자가 흉흉한 기세로 이글거리는 것 같았다. 범의 눈깔에 살쾡이의 입매를 가진듯한 매서운 사내였다. 태양혈 자리가 불뚝 튀어나온 게 딱 봐도 힘깨나 쓰는 장사 타입의 얼굴이었다. 우리는 농반진반으로 우리 셋이 만약에 이 치곤이 아저씨와 맞닥뜨리게 된다면, 쪽도 못 쓰고 그에게 칼침 세례를 맞을 거라고 장담했다.

우리는 그 뒤로도 읍내에 나갈 때마다 수배전단을 살펴보았다. 분명히 있던 사람은 나가고 (그러니까, 대한민국 민주경찰의 손에 잡혀 형장으로 끌려가고), 새로운 뉴페이스가 들어오고 있음에도 불구하고 치곤이 아저씨는 항상 그 자리에서 굳건히 매서운 포스를 유지하고 있었다. 때마침 그때부터 한 일주일 내내 비가 퍼붓기 시작했다. 하늘에 구멍이 뻥 뚫린 것처럼 하루 종일 오고 또 왔기 때문에 그 시기엔 어딜 나갈 수조차 없었다. 그냥 비닐하우스 안에 틀어박혀 있어야만 했다. 그것은 또 그것대로 운치 있고 좋았으니 딱히 불만스럽지는 않았다.

 그리고 아는 사람이라면 잘 알겠지만, 그렇게 비 오는 날에 태우는 담배맛은 정말 기가 막히다. 하지만 문제는 밤이었다. 외딴 시골의 비 오는 날 밤은 꽤 을씨년스러웠다. 우린 세 명이었음에도 불구하고 밤에 비가 쏟아지기 시작하면 꼴까닥 숨을 죽인 채 서로 달라붙어 벌벌 떨어야만 했다. 비닐하우스 위에 후두둑 떨어지는 요란한 빗소리와 이따금씩 불어오는 강한 비바람에 문이 확! 하고 지절로 열어제껴지는 순간에는, 정말 심장이 멎을 것 같이 공포스러웠다. 그래서 우리는 항상 잘 때가 되면 가위바위보를 짜서 문간과 가장 가까운 쪽에서 잘 사람을 뽑아야만 했다. 어쩌다가 내가 걸리기라도 하는 날에는 정말 이가 오돌돌 떨릴 정도였다.

 살인범 치곤이 아저씨 얼굴을 하도 많이 봐서 그런 생각을 한 것일까. 나는 왠지 모르게, 언젠가는 치곤이 아저씨가 이 외딴 비닐하우스로 찾아오게 되지 않을까라는 생각을 하게 되었다. 지금 와서 생각해보니 우습지만 그때 당시에는 꽤 그럴듯하게 아귀가 맞아떨어지는 추리였다.
 이유는 아주 간단했다. 치곤이 아저씨는 수배범이고, 수배범이라면 적어도 수배 전단에서 더 이상 자길 찾지 않을 때까지 외딴곳에 꼭꼭 숨어 있어야 하는 게 인지상정이었기 때문이다. 그리고 이 비닐하우스는, 적어도 쌍치 마을 안에서 외지기로는 손가락에 꼽을 정도인 장소다. 그리고…… 이곳엔 사람이 살고 있다………. 밤에 화장실도 혼자 못 가서 매번 다 같이 우르르 몰려다니는 무척이나 겁 많은 애송이 쫄보세 녀석이……… 혼자서 속으로 앓기에는 영 찜찜했던 모양인지, 나는 결국에 이런 내 멋대로 식 추리를 나머지 두 친구들에게 꽤 심각한 표정으로 말했고, 그 말을 들은 친구들 중 그 누구도 헛소리라고 비웃는 사람이 없었다. 그래서 더 공포스러웠다.

비는 그칠 생각을 하지 않고, 바람은 점점 더 세게 불어왔고, 어딘가에서 왠지 모르게 치곤이 아저씨의 발걸음 소리가 들리는 것 같았다. 그렇게 장마철 내내 치곤이 아저씨와의 살인 게임 스토리에 빠져들었던 기억이 난다. 치곤이 아저씨는 지금쯤 잡혔을까?

 아직도 잡히지 않았다면 지금쯤 예순 가까이의 나이가 되었을 것이다.

우리들의 여름은 한심했지만 아름다웠다.
그리고 앞으로도 쭉 기억날 것이다.

2019　　　　　　　　　　　　　　현재

14. 너도 나도, 모두 다 병신인 뒤죽박죽 요지경 세상이겠지만

"아 이 새끼 이거, 주작이였어?!"

 즐겨 보던 유튜브 크리에이터의 구독을 취소했다. 100% 리얼리티만을 추구한다던 일상 몰카를 주 컨텐츠로 삼았던 100만 구독자 유튜버. 난 그가 만드는 환상적인 피리 소리를 쫓는 수많은 추종자 중 하나였다.

《〈이 새끼 구독자 경품 다 씹주작이예요. 댓글 당첨돼서 경품 준대놓고 입 싹 닫고 잠수 탐. ㅅㅂㅅㄲ 람보르기니 끌고 다니면서 그 푼돈이 아깝다고 통수치냐?〉》

 그런 그가 또 다른 추종자 중 한 명이 **폭료 댓글료** 인해 한 순간에 '주작러'로 전락하는 순간을 지켜보고 있었다. 좀처럼 인터넷을 멀리하는 나에게 유튜브는 간만에 찾아와준 반갑고 유쾌한 친구였다.

유튜브는 돈이 된다.

 이러한 명제가 소수 몇 명에서, 이제는 눈에 띌 정도의 다수에게 적용되는 과정으로 심화되기 시작하면서, 원피스의 대해적시대를 방불케 하는 '대관종 시대'가 시작되었다. 오우. 좀 놀 줄 아는 녀석들이다 싶은 녀석들이 하나 둘씩 고가의 영상 장비를 하나둘씩 갖추기 시작, 각기 다른 똘끼와 아이디어로 무장한 악마의 열매를 먹은 이들의 향연이 펼쳐졌다. 덕분에 지켜보는 자를 택한 나 같은 사람은 눈과 귀가 즐거워졌다.

 돗대기 시장에 먹거리 좌판이 깔리고, 풍물패가 몰려들어 꽹과리를 치고, 써커스 단원들이 외줄을 타고, 초대가수가 나와 노래를 부르고, 뻔데기와 핫도그를 팔고, 별의별 잡스런 것들이 몰려오니 그야말로 어느 골목에 들어서나 생소함과 놀라움으로 가득 찼다. 그 작디작던 돗대기 시장이 이제 하루종일 돌아다녀도 끝을 볼 수 없는 큰 마을이 되었다. 마침내 우리 지구만큼이나 큰 하나의 세계로 구축되었다. 하지만 시간이 점차 지나고 진기명기 기인들이 차고 넘치다 보니, 마냥 깔깔깔 박수를 치며 발을 구르던 사람들이 좀처럼 미소와 호의를 보이지 않게 되었다.
 딴 데 가도 너 같은 놈들 투성이야. 너무 많이 보는 것. 너무 많이 아는 것. 이것은 때론 타인을 불행하게 만든다. 소위 말해 '보는 눈'이 생겨버린 관객의 입맛을 맞추기 위해 재간둥이들의 마음이 다급해지기 시작했다.

〈위통이 터질 정도로 많이 먹는 먹방 신기록을 세워보자〉
〈한 판도 물리는 것 없이 쾌속으로 게임을 공략하자〉
〈폭죽을 젖꼭지에 터뜨려 지랄발광을 떨어보자〉
〈엄청나게 큰 범죄가 일어날 것 같은 일촉즉발의 상황을 만들어 보자〉

 보다 더 많은 사람들의 눈에 띄기 위해, 그들은 가진 것을 과하게 부풀려 보여야만 했다. 그렇게 '주작'이라는, 꾸며진 개수작을 일갈하는 신조어가 나오기 시작했고, 그러한 행위를 단죄하는 자경단이 곳곳에 나타나기 시작했다. 사람들은 사랑할 사람을 원하고, 동시에 미워할 사람도 필요로 한다. 누군가의 비상은 어떤 이의 상징이 되고 동경이 된다. 더 나은 생으로 가게 하는 기쁨이 된다. 하지만 그것 못지않게 짜릿한 쾌감을 주는 것이 바로 누군가의 몰락이다. 달리는 자가 있다. 그리고 그런 그를 지켜보는 사람들이 있다. 달리는 자는 세상 그 누구보다 빠르고 자유롭고, 거침없이 달린다. 이제껏 보지 못했던 독보적인 움직임이다. 지켜보는 이들의 가슴은 두근거린다. 세상의 규율과 속박을 초월한 달리는 자를 응원하며, 대리만족을 느낀다. 그러나 어느 순간, 달리는 자가 콰당- 하고 넘어진다. 지켜보는 이들은 양 관자놀이가 팽팽해질 정도로 소스라치게 놀란다.

어떻게 이럴 수가 있지?
이전까지 보여줬던 경이로운 움직임을 무색케 하는 어처구니없는 불균형이다. 달리는 자는, 달렸던 자는, 역시 아직까지 주저앉아 일어나지 못한다. 모두가 어쩔 줄 몰라 당황한다. 혼돈의 웅성거림만이 가득할 뿐이다. 마침내 어떤 이가 결연한 목소리로 외친다. 마치 오랫동안 기다리고 염원해 온 소중한 고백을 하는 것처럼.

"벼....... 병신!!"

달리는 자의 권위를 무너뜨리는 도발적인 언어. 사람들의 웅성거림은 밀려오는 해일처럼 점점 더 커져간다. 이제는 병신이 된 달리는 자가 놀란 표정으로 몸을 일으켜 세운다. 뭐가 잘못돼도 단단히 잘못됐다는 생각이 든 모양이다. 이윽고 다시 뛰어야 한다. 고 생각 한다. 다친 다리를 이끌고 절뚝거린다. 하지만 아무래도 체력이 바닥나버린 모양이다.
콰당-
또 다시 넘어져 버린다.
"병신!!!!!!!"
사람들은 이제 달리는 자의 빛나는 모습을 한순간에 머릿속에서 지워버렸다. 이제는 처절한 병신의 몸부림을 지켜볼 뿐이다. 병신이 악바리를 써봤자 병신이다. 아무리 달리는 흉내를 내봤자 병신이 병신인 건 변하지 않는다.
"병신, 병신, 병신!"
사람들이 입을 모아 그를 향해 병신 삼창을 외친다. 병신의 얼굴에서 땀이 흐르고, 눈에서 눈물이 흘러나온다. 사람들은 웃는다. 병신이 고통스러워할수록 사람들의 웃음소리는 더욱 커진다. 사람들은 병신이 날쌔게 달리는 모습 따위는 더 이상 원하지 않는다. 한번 병신은 영원한 병신이다.

"얘도 이제 좀 났네."
한때는 달리는 자였던, 이제는 병신이 되어버린 그 유튜버의 몰락을 지켜보던 나는 그만 권태로움이 느껴져 들고 있던 스마트폰을 아무렇게나 던져 버렸다. 지금은 금요일 저녁 열한 시. 아무래도 잠들기에는 너무 아까운 시간이다.
"딸이나 잡자."
야동을 튼다. 시라이시 마리나 유모작이다. 그녀의 이름을 떠올리는 것만으로도 온몸에 훈기가 돈다. 요시, 단단한 준비가 되어 있다.

카톡—

동시에 갑자기 내가 비교적 최근에 주고받았던 썸녀의 카톡 어느 한 구절이 머릿속에 떠올랐다.

[ㅋㅋㅋ 오빠, 오빤 야동 같은 거 안 보죠?]
[그럼ㅋㅋ 내가 나이가 몇 갠데 아직도 그런 걸 보겠어 🙂]

지금은 남이 된 그 썸녀에게 이제는 말하련다.
아무리 생각해도 한번 병신은 영원한 병신이다.

그리고 나도 병신이다.

모조리 다 병신이다.

누구나 여러개의 얼굴을 가지고 산다.

과거 2007

 빗속의 살인마 치곤이 아저씨를 상상하며 오들오들 떨었던 장마 주간이 무사히 지나가고, 별다른 일 없이 전과 다름없는 쌍치 마을의 일상이 재개되었다. 3주 차가 되니 이제는 이곳이 마냥 내가 살아왔던 터전이 되어버린 것 같다는 생각이 들었다. 시골생활은 소금 간을 치지 않은 심심한 곰국을 먹는 듯한 느낌이었다. 정말 딱히 할 거 없고 뭔가 정신을 탁 트이게 할만한 자극적인 컨텐츠 같은 것도 없었지만, 그 나름대로 하루하루 천천히 저물어가는 자연을 지켜보는 맛이 있달까?

 하루가 어떻게 지나가는지도 모르는 도시 생활에 비해 무척이나 유유자적하게 시간이란 놈을 입안에 넣고 꼭꼭 곱씹어 보는 매력이 있는 게 시골생활이라는 생각이 들었다. 하지만 뭐 기껏해야 한달바기 깡촌 생활이니 맛뵈기에 불과할 것이다. 하루 일과 중 가장 인상 깊었던 때는 보랏빛 안개가 어슴푸레하게 퍼지는 이른 아침과 해가 저물어가는 것을 천천히 지켜볼 수 있는 저녁 무렵이었다. 그리고 공기 좋고 경치 좋은 시골에서 피는 담배의 참맛을 알아버렸다.

 나는 방아깨비 다리같이 얇은 에쎄 수 0.5mg의 필터를 뻑뻑 빨아대면서, '공기 좋은 곳에서 피는 담배라면 필경 약 담배다'라는, 가히 과도하다고 밖에 볼 수 없는 긍정 편향적 오류에 빠져 왠지 모를 뿌듯함을 느끼곤 했다. 이곳에서 즐길 거리라곤 고작 라디오 하나와(그나마 낮 시간대 라디오는 죄다 비슷비슷하게 주로 시대 타령을 소재로 삼은 아줌마들 사연밖에 없어서 내 취향에 맞지 않았다) 내 핸드폰에 저장되어있던 레이싱걸 김 모양의 사진(그마저도 전봉준 장군님께서 하사하신 뒷간이 없다면 꺼내보기 민망한)이 고작이었기 때문에, 우리 셋은 나란히 평상 위에 누워 벌써 수 십 번도 넘게 했을 법한 케케묵은 이야기들을 먼지 앉을 새도 없이 다시 꺼내어 그것들을 리뷰했다.

 그렇게 한 달을 쌍치 마을에서 보내고 다시 집으로 돌아왔다. 남은 방학 기간은 내가 무얼 하면서 보냈는지 기억나지 않는다. 아마도 엄마한테 이것저것 공부를 해보겠다는 명목으로 돈을 타서 쓸데없는 데에다가 다 까먹었을 것이다. 그때의 난 무척이나 철없는 (그리고 지금까지도 실상 다를 바 없는) 전형적인 막내 타입의 남자였기 때문이다. 난 당시 지금의 페이스북과 인스타그램의 인기만큼이나 뜨거웠던 싸이월

드 미니홈피를 무척이나 자주 들락날락했다. 그리고 우리 과 동기들의 근황을 무척이나 자주 살펴봤다. 속이 뒤집어졌다.

 여철우 왕국은 방학에도 어김없이 학기 중의 기세를 이어나 가고 있었다. 사진 속의 그들은 어두컴컴한 노래방 조명 아래에서 에나멜처럼 빤딱거리는 하얀 이빨을 드러내며 씨익 웃고 있었다. 아주 작고 단단한 밀도를 가진 쇠망치로 그 이빨들을 하나하나씩 후려쳐 바보 영구 같은 모습으로 만들어 버리고 싶었다. 누가 간밤에 잔뜩 장난을 쳐 놓은 술집 문 앞에 붙여진 연예인 브로마이드같이 말이다.

 뭐가 그렇게 분노스러웠던 걸까? 지금 와서 생각해보면 내가 참 한심할 정도로 우습다. 하지만 그때는 전혀 그렇다고 생각지 않았다. 그들과 함께 하고 싶어도 함께 할 수 없는 아이러니한 상황. 사람에 대한 목마른 갈증. 그리고 나 없이도 무척이나 원활하게 잘 돌아가는 세상의 모습. 그런 것들에 무척이나 심술이 났던 것 같다.
 그리고 이렇게 시골 깡촌구석에서 한 달이 지나도록 잠수를 타도 대학 친구들 중 그 누구에게도 아무런 연락이 없다는 거, 내 공백을 그 누구도 궁금해하지 않는다는 거. 이게 나를 가장 미치게 만들었다. 그래도 이 시간들을 계기로 나는 대학 생활 자체에 큰 기대를 걸지는 말아야겠다고 멘탈 정리를 다잡은 계기가 된 것 같다. 그렇다고 벌써부터 군대로 가고

픈 마음은 정말 추호도 없었다.

 군대는 그야말로 내 인생의 마지막 종착역이라는 생각이었다. 죽음, 결혼, 군대. 그 당시 나에게 이 셋 중에 가장 미루고 싶은 것을 소망하게 해준다면 그것은 단연 군대였으리라.

 철모를 쓰고 있는 군인 정창주.
 정말이지 상상이 되지 않았다. 나 같은 괴짜가 영국 근위병처럼 엄정한 표정을 짓고 오와 열을 착착 맞춰 집단과 하나 된다는 발상 자체가 무척이나 이질감이 들었다. 아마 우리 가족이 이미 오래전부터 예정하고 있었던 서울로의 이사가 이 무렵 때쯤이었던 걸로 알고 있다. 난 사실 내가 사는 익산에 별다른 애정이 없었다. 한 다리 건너면 마치 발가벗겨진 것처럼 이 동네 사람들의 속속들이를 다 알 수 있는 방정맞은 입소문들도 별로였고 어떤 새로운 장소를 가도 그 자리를 메우는 사람들은 항상 똑같다는 것도 별로였다.

 그래서 이곳을 하루아침에 확 떠나버려도 정말 아무렇지도 않을 것 같았다. 하지만 막상 10년은 족히 넘게 살았던 집을 정리하고 떠나려니 뭔가 이상한 기분이 들었다. 마치 전원일기 같은 오래된 장수 연속극의 마지막 씬이 마무리되고, 세트며 스태프며 카메라며 연기자들이며 모두 다 철수하고 남은 뒤의 횅한 모습 같았다. 난 이 익산이란 곳에서 유별난 유년시절을 보냈다. 초등학생 때는 너무도 새하얗게 질린 백지장 같은 피부와 해골같이 깡마른 체구를 가지고 있는 데다, 하도 허황된 상상과 구라를 많이 쳐서 따돌림을 당하기도 했다.(하지만 지금 생각해보면 그래봐야 촌구석 아이들이라서 딱히 가혹하지도 않았던 것 같다) 중학생 때는 이런 내 약한 이미지를 탈피하기 위해 나보다 더 약해 보이는 놈을 때리고 다니는 약골 사냥꾼(이라고 부르고 양아치라고 부르는)이었으며, 고등학생 때는 나만의 세계에 푹 빠져 책가방 대신 화통을 메고 허구한 날 야간자율 학습시간을 째고 밖으로 그림을 그리러 다니는 (정작 학원에 가서 그림을 그리는 것을 즐기지는 않았던) 괴짜 미술학도의 인생을 살았었다.

중학생일 때는 말했듯이 무척이나 얍삽한 스탠스를 유지하면서 나보다 더 약한 아이들을 때리고 괴롭히고 다녔다. 요즘 중학생들 기싸움은 어떨지 모르겠지만 나 때는 그냥 목소리 큰 놈이 장땡이었다. 더 화를 잘 내고 더 승질머리가 급하고 더 눈빛이 돌은 것 같은 놈이 보통 그 반의 짱 역할을 했다. 거기에다가 뭔가 심하게 과장된 듯한 뒷소문 한두 개가 있으면 금상첨화였다.

하지만 그 정도 위업이 스펙으로 붙으려면 최소 초등학교 짱은 먹고 나와야 했다. 나는 초등학교 짱은커녕 따돌림이나 당하던 신세였으니, 평판이랄 게 거의 없는 마이너스의 상태였다. 그래서 내가 택한 생존 전략이 나보다 더 약한 놈을 조지는 것이었다. 때와 장소를 택하는 감각도 무척이나 기막혔다. 나는 일부러 선생님에게는 들키지 않으면서도, 되도록이면 많은 아이들이 볼 수 있는 장소를 택해서 나의 사냥감을 덫으로 몰았다. 그리고 기차 화통을 삶아 먹은 것처럼 큰 소리로 역정을 내면서 족보도 없는 주먹질과 발 차기로 상대방을 울렸고, 난 굴복한 이의 모습을 보며 의기양양하게 (그리고 아직도 뭔가 화가 덜 풀렸다는 듯이 과장스레 씩씩대며) 내려다보았다. 지금 내가 생각해도 그 당시 난 정말 천인공노할 개놈이었다.

하지만 그런 약삭빠른 생존전략을 택한 덕분에 적어도 학교생활이 피곤하지는 않았다. 그리고 더군다나 남녀공학이었다. 젖가슴이 봉긋하게 튀어나오기 시작한 숙녀들에게 찐따 꼬리표가 삐져나온 모습을 보이고 싶지는 않았다. 2학년이 될 때는 정말 큰일 날 뻔한 적이 있다. 보육원에 다니고 있는 진유이라는 애가 있었는데, 평소에는 무척이나 순박하고 장난을 잘 치다가도, 한번 눈이 돌아가면 천부적인 싸움꾼이 되어버리는 만화 캐릭터 같은 녀석이었다. 유이는 여성스러운 이름과는 전혀 매칭되지 않는 투박한 외모에 뻐드렁니를 가지고 있어서, 내가 '드렁니'라고 이름 붙인 캐릭터를 그리면서 한두 번 장난스럽게 놀리곤 했었다.(미술 선생님은 내가 뒷자리에서 몰래 그리고 있는 유이의 캐릭터를 보고 같이 낄낄대기도 했었다) 그런데, 어느 날은 내가 유이를 너무 심하게 놀려버려서 유이가 정말 화가 머리끝까지 난 적이 있었다.

 유이가 눈이 돌아가면 어느 정도로 살벌했느냐면 길거리에서 시비가 붙은 고등학생 형이랑 그 자리에서 주먹다짐을 시작하고, 결국 제 얼굴이 피투성이가 될 때까지 미친개처럼 달려들어 기어이 쓰러뜨렸다는 비범한 풍문이 들려올 정도였다. 약골 킬러였던 난 유이의 그런 심상치 않은 모습을 보고 거의 생존의 본능이라고 해도 과언이 아닐 만큼 무척이나 비굴한 표정을 지으면서, '야, 내가 실수했다야. 표정이 왜 이렇게 무섭냐? 그러지 말고 이리 와봐 유이야.' 하면서 유이가 딱 기분 좋게 느낄만한 세기로 어깨 마사지를 해주었다. 효과는 탁월했다. 순박한 유이는 언제 그랬냐는 듯이 광기 어린 눈을 풀고 실실거리며 웃었다.

 그 당시 나와 썸을 타던 같은 반 여자아이 앞에서 조금은 비굴한 모습을 보였지만, 그래도 유이에게 흠씬 두들겨 맞아 피떡이 될 바에야 훨씬 나은 대처였다고 안심하면서 유이의 굳은 어깨가 애기 엉덩이처럼 보들보들 연해질 때까지 열심히 안마를 해주었다.
 덕분에 나는 중학교 2학년에서 3학년으로 넘어갈 때까지도 '좀 하는 애'라는 싸움꾼 이미지를 계속 유지할 수 있었다. 그리고 유이 말고 진호라는 다른 보육원 출신 친구도 있었는데, 이 녀석도 유이만큼은 아니지만 꽤 싸움을 깡다구 있게 잘하는 친구였다.

 나는 보육원 출신 친구들이 무척이나 좋았다. 뭔가 자유로우면서도 순박한 느낌이 내 마음에 쏙 들었던 것 같다. 그리고 보육원 친구들에게선 특유의 덜 씻은듯한 냄새가 났는데, 난 그 냄새가 왠지 시골 누렁이 냄새 같아서 좋았다. 어린 마음에 그 냄새를 닮고 싶어서 걔네와 교복을 바꿔 입기도 했었던 것 같다. 걔네들을 허울 없이 대한 덕분에 나는 그 친구들과 좋은 친분을 유지할 수 있었고, 그것은 다른 아이들이 나를 쉽게 보지 못하는 이유 중에 하나가 되기도 했다.

 하지만 이제껏 잘 유지해오던 싸움꾼의 이미지가 3학년 학기 초 무렵에 한순간에 깨져버리고 말았다.
 3학년에 올라와서 만난 내 짝꿍 녀석 때문이었다. 지형배라는 녀석이었다. 뭔가 개그맨 김용만을 닮은 듯한 얼굴에 렌즈에 복분자 빛으로 색을 입힌 촌발나는 무테안경을 끼고 다니는 녀석이었는데, 딱 봐도 비실비실해 보이는 놈이 시종일관 너무 까불어댔다. 가끔은 나랑 장난을 치다가 내 어깨를 툭툭 치기도 하고, 내 물건을 제 맘대로 말도 없이 쓰기도 하는 둥, 내 심기를 은근하게 건드리는 녀석이었다. 특히나 녀석은 내 안경닦이를 상습적으로 빌려 썼는데, 그럴 때마다 나를 향해 냉큼 대령하라는 듯 마치 밀린 돈이라도 받으러 온 대부 업체 사장처럼 검지와 중지를 포개 엄지에 비비는 꼴이 무척 나를 열받게 만들었다.

 그래서 언제고 이 녀석을 한번 손 봐줘야겠다는 생각을 가지고 있었다. 그러다가 내 마음속에서 임의적으로 저지먼트 데이를 설정했고, 일부러 아주 사소한 이유를 꼬투리 잡아 (지금 생각하자니 기억이 잘 안 나는데 하여튼 정말 시답잖은 것이었다) 녀석을 화장실로 끌고 왔다. 물론, 내 싸움 커리어에 뻥튀기 소문을 전파하고 다닐 소식통 녀석들도 한두 명 정도 같이 데리고 왔다.
"뒤질 준비 단단히 혀."

 정말 이런 상황까지 와야 되나 하는 듯한 허탈한 심정으로 눈썹 끝을 팔 자로 힘없이 늘어뜨리고 있는 그 녀석을 보며 비릿한 미소를 흘렸다. 그리고 곧장 그 녀석 앞으로 뛰어가 주먹을 날렸다. 물에 젖은 수건을 바닥으로 내동댕이치는 것처럼 '따-악!' 하는 소리와 함께 익숙한 감이 느껴졌다. 정타가 들어간 것이다. 그리고 보통 이 정도 사운드와 타격감이라면, 적어도 내가 정한 사냥감들은 모두 눈물을 흘리며 기브 업을 선언한다. 그 아이이 두 볼에 눈물이 흐르고 있었다. 끝났구나. 나는 통쾌한 표정으로 확성기들에게 똑똑히 봐두라는 식의 눈치를 주었다. 그리고 스스로 생각해도 제법 멋지다고 생각하는 팔자걸음으로 (난 그때 당시 한창 유행했던 청불 영화인 '친구'의 장동건이 맡았던 동수 역할에 푹 빠져 있었고, 걸음도 항상 그렇게 건들건들 걸었다. 그리고 당시 '스뎅'이라고 불렀던, 은목걸이도 하고 다녔다) 뒤돌아섰다.

퍼-억!

 어라? 그런데…… 별안간 내 뒤통수에 불이 옮겨붙은 듯한 열감과 충격이 느껴졌다. 당황한 나는 무척이나 놀란 표정으로 뒤를 돌아보았다. 그리고 내 바로 뒤에서, 눈물을 뚝뚝 흘리며 주먹을 말아 쥐고 있는 형배의 모습이 보였다. 형배는 마치 일본 만화에서나 나올 법한 각성한 주인공처럼 돌변했다.

 그리고 한 손으론 내 교복 깃을 거칠게 휘어잡고 다른 한 손으론 야무지게 말아 쥔 주먹을 내 얼굴에 쉴새 없이 꽂아 넣었다. 난생처음 겪어 보는 일이다 보니, 그야말로 경황 없이 후둘겨 맞는 중이었다. 나는 마치 난생처음 방정식을 풀어 보는 초등학생처럼 어리둥절해졌다. 쉴 틈도 없이 들어오는 주먹세례가 아프다기보단 무척이나 당황스러웠다.

 형배는 이제까지 내가 숱하게 사냥해왔던 흔한 사냥감이 아니었다. 사냥감의 공식을 깨버린 숨겨진 상위 포식자였던 것이다. 한 마디로 말하자면, 재야의 고수였던 것이다. 나는 그렇게 당황한 와중에도 입은 살았던 모양인지, "씨빨놈아, 이거 안 놔? 어? 시이뻘, 이거 안 놓으냐고! 이거 놓으면, 너 뒤져, 너 뒤져!"라고 쉴 새 없이 쫑알거렸다. 하지만 형배가 내 교복 깃을 놓은 건, 이미 내 몸이 냇가에서 몽둥이질 당한 묵은 빨래만큼 너덜너덜해지고 난 뒤였다. 형배는 그런 나의 패배를 확신했는지, 나를 거칠게 땅바닥으로 밀쳐 버리고는 곧장 밖으로 나가버렸다. 확성기들 역시 나의 안위 따위는 안중에도 없다는 듯이, 짜릿한 대역전승을 이뤄낸 언더독의 출현을 사방팔방 퍼뜨리고 다닐 기세로 휙 하고 나가버렸다.

형배에게 제대로 당해버린 나는 그 뒤로도 한참 동안이나 화장실 바닥에 축 늘어져있었다. 아픈 것은 아무래도 괜찮았

다. 생각보다 버틸만했다. 하지만 아픈 것보다 쪽팔린 것이 수십 배는 더 암담했다. 쪽팔린 것보다 차라리 암에 걸리는 게 낫다. 그 나이대의 웬만한 남자애의 덜 여문 대가리 속에선 으레 이런 뻘스런 생각이 진리가 되기 마련이다. 이제까지 내가 온갖 잔머리를 굴려가며 쌓아왔던 싸움꾼 이미지가 완전히 무너져버리는 순간이 다가왔다. 나는 쉬는 시간이 지나고 수업 시간이 될 때까지도 그 자리에서 꼼짝도 할 수 없었다. 조심스럽게 거울 앞으로 다가섰다.

맙소사.
 거울을 본 나는 또 한 번 숨이 넘어갈 정도로 화들짝 놀랐다. 내 얼굴이 마치 풍선처럼 부풀어 오른 것이다. 어느 정도로 심각했느냐면 아예 실시간으로 얼굴형이 바뀌고 있는 게 눈에 보일 정도였다. 어렸을 때 대야 물에 담가 놓으면 걷잡을 수 없이 커지던 싸구려 뽑기 공룡처럼 내 왼쪽 얼굴이 급속도로 부풀기 시작했다. 설상가상으로 피멍이 맺힌 오른쪽 눈은 아예 떠지지도 않았다. 관자놀이 부분은 마치 벌에 쏘인 것처럼 퉁퉁 부어올랐고, 콧속에 피가 터져 뭉쳐버린 모양인지 제대로 숨도 쉬어지지 않았다.

 나는 너무 충격적이기도 하고, 창피하기도 한 내 모습에 그만 눈물을 왈칵 쏟아버리고 말았다. 이미 끝이다. 막상막하였다고 우길 수도 없이 빼도 박도 못하게 내 얼굴에 참패의 흔

적이 남아버렸다. 그래도 울고 들어온 모습까진 보일 수 없었다. 그래서 다시 그 자리에서 십 분 동안 더 시간을 끌며 마음을 진정시켰고, 그제서야 난 교실로 들어갔다. 교실 문을 드르륵 열고 들어온, 완전 만신창이가 된 내 얼굴을 본 아이들은 마치 뒷덜미에 얼음을 올려놓은 것처럼 화들짝 놀란 표정을 지었다.

 선생님도 무척이나 놀란 표정이었다. 결국 난 그 수업이 끝나자마자 집으로 가야만 했다. 그리고 곧장 엄마와 함께 병원에 가서 엑스레이를 찍었다. 다행히 어디가 부러지거나 박살이 나지는 않은 상태였다. 다만 시간이 지나면 지날수록 얼굴의 붓기가 점점 더 심해지고 있었다. 땅땅하게 부은 관자놀이는 손가락 끝으로 살짝 누르기만 해도 뒤통수를 해머로 후려맞은 것처럼 통증이 심했다. 다음날 나의 참패 소식을 듣고 이제는 다른 반이 된 보육원 친구들이 찾아왔다.

 보육원 친구들은 심성이 착한 아이들이었기 때문에 나 대신 직접 복수를 해준다거나 하진 않았지만, 나의 패배에 대해 무척이나 놀란 듯한 표정이었다. 아무튼 난, 그 이후로 지금까지 한 번도 주먹다짐을 한 적이 없다. 그날을 계기로 내가 싸움에 재능이라곤 어림 반 푼어치도 없다는 것을 확실히 인정했기 때문이다. 본래 대학 얘기를 다시 재개하여 여철우 왕국의 파멸을 지켜봐야 하겠지만, 기왕 그보다 더 과거 얘기가 나온 김에 고등학생 시절 얘기도 좀 해보고자 한다.

나의 중학생 시절의 테마가 '비열한 싸움꾼'이었다면, 고등학생 시절에는 그보다 방향성이 무척이나 많이 달라진다. 고등학생의 나를 한 마디도 아닌 한 단어로 표현하자면, 그 시절 누구에게나 물어도 한결같이 나올 대답이 있었다.

바로 '기인'이었다. 고등학생 때부터 미술을 시작하면서, 나는 여러모로 기이한 발상에서 우러나온 특이한 행동들을 많이 했었다. 그리고 뭔가 고등학생처럼 느껴지지 않는 요상한 기운을 뿜어내곤 했다. 고등학교에 들어와서 부쩍 말수가 적어졌던 나지만, 내가 가끔 한 마디 한 마디씩 내뱉을 때마다 아이들은 웃겨서 자지러졌다. 아이들은 내가 무척이나 진지한 표정으로 칠판에 선생님들의 성기를 우스꽝스럽게 그려가며 희화화시키는 것을 가장 좋아했다. 당시 내 별명은 여러 개가 있었지만 고등학교에 입학하자마자 맨 처음에 붙은 별명이 '교주'였다.

지금은 기억나지 않는데 무슨 이상한 개똥철학을 들이밀며 아이들을 선동하곤 했었고(아마도 주로 성에 관련된 저급한 농담들이었을 것이다), 아이들은 그게 마냥 재미있어 나를 '교주님, 교주님'이라고 부르면서 장난스럽게 따르는 시늉을 했다.

"이 새끼 이거 완전 미친놈이네. 야 인마! 책가방도 안 들고 다니는 놈이 어딨어!"

고등학생 시절 내 똘끼는 거의 정점을 찍는 시기였다. 가끔은 아예 책가방 없이 화통 하나만 달랑 메고 올 때도 있었다. 모든 과목의 선생님들이 날을 제대로 잡아 나를 흠씬 두들겨 팰 날만을 손꼽아 기다리고 있었다. 그리고 실제로 과학 선생님에게 교실에서 맨주먹으로 두들겨 맞기도 했었다.

하지만 그러거나 말거나 난 계속 또라이짓을 이어갔다. 한번은 가출을 한 적도 있었는데, 그 이유가 지금 와서 생각해보면 매우 웃기다. '나에게 두발 규제를 강요하지 말라' 가 주된 이유였다. 당시 우리 학교는 남고였고, 으레 당시의 분위기가 그랬듯 모든 남고생들의 머리는 바싹 짧게 깎은 스포츠머리가 표준형이었다. 거기에서 구레나룻 털이 쥐털큼이라도 더 자라면 그날로 바로 바리깡으로 밀려버리는 것이었다/ (흔히 말하는 '고속도로' 말이다) 하지만 난 이 세상에 그딴 말 같지도 않은 제도가 있다는 게, 그리고 이런 시답잖은 걸 제도랍시고 나에게 들이미는 게 도무지 이해가 되지 않았다.

아니, 내가 이 학교에 자유를 담보로 고액 대출이라도 받았어? 당신들이 뭔데 나한테 이래라저래라 지랄이야? 이런 생각이었던 것 같다. 그래서 난 머리를 길렀다. 전우치라도 되는 것처럼 선생님들의 감시망을 홀렁홀렁 용케도 피해 다니며 악착같이 머리를 길렀다. 하지만 결국엔 들켜서 고속도로를 당할 판이었고, 난 그게 아무래도 너무 분하고 억울해서 그 날로 바로 가출을 해버렸다. 고작 사흘 정도 버텼던 것 같다. 당시 다른 공업고등학교를 간 보육원 친구들과 피시방에서 게임을 하고 있는데 담임에게 딱 걸려 버렸다 (별로 친하지 않았던 같은 반 친구가 담임에게 내 위치를 꼰질렀다). 그래서 바로 학교로 끌려갔다.

아이들은 신통방통 또라이 교주가 형장의 이슬로 사라지는 것을 보기 위해 킥킥대며 몰려들었다. 하지만 자유인권을 위해 몸소 나서 대담한 퍼포먼스를 보였던 내가 나름 비범해 보였는지, 당시 우리 학교를 통틀어 전교 짱 역할을 했던 형이 복도에서 무릎을 꿇고 있던 나에게 다가와서 하이파이브를 청하고는 이렇게 말했다.
"너 진짜 또라이다."

그때 당시 나는 왠지 모르게 그 형이 해준 이 말이 무척이나 기분이 좋았다. 마치 대단한 훈장이라도 받은 듯한 느낌이 들었다. 그래서 나도 모르게 그만 그 형을 향해 쿨해 보이는 척을 할 요량으로 검지 손가락으로 삿대질을 하며 미국식 제스처를 취했다. 그 형은 나의 그런 모습마저도 또라이 같다고 생각했는지, 고개를 절레절레 흔들면서 킥킥대며 사라졌다. 또라이.

난 이상하게도 그 말을 듣는 게 무척이나 기분이 좋았다.

아직까지도 그렇다. 누군가가 나에게 또라이라고 할 때마다 내 마음속에서는 이상한 희열감 같은 게 느껴진다. 비로소 내 내면을 이 사람에게 들킨 것 같은 쾌감 같은 게 느껴진다고나 할까? 내 안에 있는 뭔가 이상한 점을 발견한 이 사람의 안목에 묘한 안도감을 느끼는 것이다. 아무튼 이런 또라이 같은 나는 또래 아이답지 않은 뭔가 이상한 구석 때문에, 이상하리만치 고등학교 생활을 편히 할 수 있었다. 그리고 아마 꼭 나 때문이 아니었을는지는 모르겠지만, 우리 학교의 융통성 없는 두발 규제가 그날을 기점으로 점점 완화되기 시작했다.

더하여, 나는 가출 사건 이후로 담임 선생님에게 '독립군'이라는 별명으로 불리게 되었다. 아마도 지지리 말도 안 듣고 억척같이 제 꼴리는 대로만 행동하니 그런 별명을 지어준 게 아닐까 생각해본다. 학교 안에서나 밖에서나, 난 뭘 해도 기본적인 면죄부가 주어졌다. 무슨 일을 저질러도 '쟤는 또라이니까' '쟤는 원래 똘끼가 좀 있으니까' '쟤는 미술 하니까 (당시 그런 촌구석에서는 '미술을 한다'라는 것만으로도 충분히 괴짜 취급을 당할 소지가 충분했다)'라는 이유로 온갖 귀찮고 곤란한 일들에서 미꾸라지처럼 빠져나올 수 있었던 것 같다. 그리고 많지는 않았지만, 이런 나를 꽤 마음에 들어 하는 아이들도 있었다.

다행스럽게도 그 아이들 중에는 싸움을 잘하는 아이도 있었다. 쉬는 시간마다 철봉에 매달려 턱걸이를 하고 평행봉으로 힘을 기르며 발 차기 연습을 매일같이 하던 윤철이라는 아이였다. 윤철이는 사실 내가 입학 때 너무 교주짓으로 까불고 다니는 게 꼴 뵈기 싫어 나를 한 번 손봐줄 생각을 하기도 했던 아이였다.

하지만 나의 한결같은 또라이스러움에 묘한 친밀감을 느낀 모양인지, 어느샌가 키다리 아저씨처럼 내 뒤를 봐주는 친구가 되어주었다. 역시 뭐든지 한 우물만 제대로 파면 조력자가 생기기 마련인가 보다. 그리고 또 한 명은, 정신원이라고 하는 아이였다. 덩치가 크고 얼굴이 드래곤볼에 나오는 '마인부우'와 무척이나 닮아서 '마부'라는 별명으로 통하는 아이였다.(하지만 난 그 당시 신원이가 마인부우보다는 잭 블랙을 더 닮았다고 생각했다) 나는 신원이를 무척이나 좋아했다. 개인적인 취향일는지는 모르겠지만, 나는 뚱뚱하고 귀여운, 내 식대로 말하자면 '뚱귀' 스타일에 정이 가곤 했다. 어릴 때부터 해골같이 말라비틀어진 나와는 달리 애기 궁둥이같이 탐스런 양볼을 가진 건강한 우량아 타입의 아이들을 보면 마치 나의 부족한 신체적 결함을 그들이 대신해서 해소해주는 듯한 느낌이 들었기 때문이다.

더하여 신원이는 촌사람답지 않게 뭔가 미국스러운 사고방

식이 있었다. 엽기적인 장난도 무척이나 즐겨 했다. 그래서 우리 둘은 곧잘 통하는 사이가 되었다. 신원이는 키도 크고 덩치도 컸던 반면, 나는 아담하고 깡말랐기 때문에 우리 둘이 교실 앞에 나와서 꽁트 같은 것을 하면 꼴이 아주 우스웠다. 이상한 가사로 이루어진 노래를 부르다가 별안간 시비를 틀어 서로 치고받고 하는 식의 내용이 주가 되는 꽁트였는데, 내가 주로 신원이를 후들겨 패는 역할을 맡았고, 아이들은 그런 아이러니한 모습이 무척이나 웃긴지 배꼽을 잡고 웃었다.

 윤철이와 신원이 외에 나머지 두 친구도 더 있는데, 그게 바로 앞서 말했던 쌍치 마을을 함께 다녀온 친구들인 최민구와 박장현이다. 최민구와 박장현과 나는 셋이서 항상 붙어 다녀서 별명이 '에스지원넓이'였다. (당시 유명했던 가수 '에스지워너비'의 패러디 버전이다) 민구와 장현이를 보면 항상 반지의 제왕에 나왔던 호빗족 친구들인 메리와 피핀이 떠오른다. 둘 다 작은 데다가 둘 다 메리와 피핀처럼 잘 까분다. 우리 셋은 항상 만나면 바둑 기사가 복기를 하듯이 서로의 인생살이를 지적한다.

 그리고 다 같이 웃는다. 그런 식의 짙은 블랙코미디가 우리 셋의 관계를 이어온 원동력이다. 장현이는 재작년에 결혼을 해서 2018년 6월에 딸을 낳고, 30년 동안 모태쏠로 신세를

면하지 못했던 키 작은 민구는 현재 난생처음 사귄 여자친구와 함께 알콩달콩 사랑을 키워나가고 있다. 불과 어제와도 같던 수많은 추억들이 흐르고 흘러 벌써 여기까지 왔다고 생각하니 새삼 신기하다. 자, 비열한 싸움꾼이었던 중학생 정창주, 그리고 기인으로 살았던 고등학생 정창주. 이제는 대학생이 되었는데…….

한 학기가 지나도록 아무런 수식어도 붙지 않았다. 아니, 굳이 하나 붙은 게 있다면 고작해야 '촌놈' 정도일 것이다. 재미없는 뻔한 수식어에 엉망이 돼버린 대학생활. 나는 과연 이 대학교를 자퇴하지 않고 계속해서 잘 다닐 수 있을까?

오랫동안 살았던 익산 땅을 벗어나며 서울로 올라가는 고속도로 위에서 난 이런 생각을 했고, 이제 2학기가 슬슬 다가오고 있었다.

2007년 1학년 1학기 종료.

그래, 맞아요.

완전 끝사랑은 얘기였죠?

이깟 게 무슨 웃지 못할 대학생활이나 싶죠?

깔끔하게 인정할게요.

예, 이번 학기는 완전 조졌습니다.

그런데 말예요, 저 딱 한 마디만 할려고요.

강한 놈이 오래가는 것이 아니라
오래가는 놈이 강한 것이다!

뭔 말이냐고요?

아.... 그건....

다음 이야기에서 찾뵐 수 있습니다!!

To be continued......